FACULTÉ DE DROIT DE DIJON

## DE LA CONDITION DES PÉRÉGRINS
### En Droit Romain

# DES PRÉLÈVEMENTS
## EN DROIT FRANÇAIS

## THÈSE POUR LE DOCTORAT

PAR

# Gustave COTHENET

LICENCIÉ ÈS-LETTRES

LAURÉAT DES FACULTÉS DE DROIT ET DES LETTRES

AVOCAT PRÈS LA COUR D'APPEL

DIJON

IMPRIMERIE DE L'UNION TYPOGRAPHIQUE

MERSCH ET Cie

40, rue Saint-Philibert, 40

1885

FACULTÉ DE DROIT DE DIJON

## DE LA CONDITION DES PÉRÉGRINS
### En Droit romain

# DES PRÉLÈVEMENTS

## EN DROIT FRANÇAIS

# THÈSE POUR LE DOCTORAT

soutenue le mardi 27 janvier 1885 .

PAR

## Gustave COTHENET

*Licencié ès-lettres, lauréat de la Faculté*

AVOCAT

## SOUS LA PRÉSIDENCE DE M. VILLEQUEZ

DOYEN

Chevalier de la Légion d'honneur

Suffragants : { MM. MOUCHET, BONNEVILLE, MONGIN, DESSERTEAUX. } professeurs.

## DIJON

IMPRIMERIE DE L'UNION TYPOGRAPHIQUE

MERSCH ET Cⁱᵉ

40, RUE SAINT-PHILIBERT, 40

## 1885

A MON PÈRE, A MA MÈRE,

A MON GRAND PÈRE,

A MA SŒUR,

A MES PARENTS ET AMIS,

A MONSIEUR BENOIT GOLLIARD.

# DROIT ROMAIN

## INTRODUCTION

Pour juger toute institution, quelle qu'elle soit, à une époque déterminée de l'histoire, il importe de remonter à son origine, de la suivre dans ses développements, d'en reconstituer les différentes phases. Aussi, avant d'étudier en elle-même la législation romaine sur la condition des pérégrins, n'avons-nous pas cru pouvoir nous dispenser de jeter un coup d'œil rapide sur les législations qui l'ont précédée et qui servent à l'expliquer.

De nos jours, si l'on ne rêve plus comme certains utopistes, la fusion de toutes les nationalités, on a compris que, chacune ayant des qualités propres, des aptitudes distinctes, des fonctions spéciales, il y avait tout profit à multiplier leurs points de contact, à assurer leur pénétration réciproque. Les idées d'égalité et de fraternité, sous l'impulsion du christianisme et de la philosophie moderne, se sont répandues partout; les législations se sont à peu près dépouillées de leurs éléments arbitraires et artificiels, pour revêtir un caractère éminemment rationnel. Chaque peuple ouvre son sein à l'étranger, lui assure le bénéfice du plus grand nombre de ses institutions, et même, sans crainte de porter atteinte au principe de la souveraineté, lui concède dans une large mesure la jouissance de son statut personnel.

Dans l'antiquité, il n'en était point ainsi. L'histoire nous montre, au berceau de tous les peuples, l'exclusivisme accepté comme un dogme incontesté. D'après

M. Laurent il y aurait là une sorte de vue providentielle :
« Chaque fraction de l'humanité, dit-il, ayant pour mis-
« sion de développer une face particulière de la vie, doit
« avoir son originalité, et, pour sauvegarder ce caractère
« individuel, il faut une existence plus ou moins isolée,
« hostile à toute influence étrangère ; si l'étranger est un
« ennemi qu'on fuit, c'est qu'en réalité il constitue un
« danger pour les sociétés naissantes ; il y apporterait le
« trouble et le désordre ; c'est un élément de dissolution
« qu'il faut écarter. »

Sans prendre les choses de si haut, on peut donner du
fait universel que nous venons de constater une explication différente.

Dans les idées primitives, le droit n'existait pas par
lui-même, indépendamment et au-dessus de la loi ; il ne
se distinguait pas d'elle. Pour attribuer des droits
à l'étranger, il fallait donc déterminer la loi qui lui serait
applicable : serait-ce la loi du pays où il venait résider
ou sa loi propre ? L'antiquité répondait : Ni l'une, ni
l'autre.

On ne pouvait pas placer l'étranger sous la protection
de ses institutions nationales ; l'idée qu'on se faisait de
la prépondérance de la race s'y opposait. Chaque nation
se considérait, en effet, comme supérieure et privilégiée.
Les Égyptiens s'identifiaient en quelque sorte avec l'humanité, et croyaient en réaliser le type par excellence.
Les Hébreux se regardaient comme une nation de saints.
« Je vous ai séparés des autres peuples, disait l'Éternel,
afin que vous fussiez à moi. » Les Grecs ne parlaient
qu'avec mépris des barbares, c'est-à-dire de tous ceux
qui n'avaient pas la même origine qu'eux.

Dès lors, chaque peuple aurait cru s'humilier s'il avait
tenu compte des législations étrangères, qu'on connaissait mal d'ailleurs, qu'on ne voulait même pas connaître.

Il ne fallait pas songer davantage à admettre l'étranger à la participation du droit de la cité. Le plus souvent,
en effet, la législation procédait de la religion, comme l'a
démontré M. Fustel de Coulanges ; elle était fondée sur
la communauté de certains rites héréditaires ; il n'y avait

pas moyen d'y astreindre ceux qui n'y étaient pas initiés.
Là même où la religion avait exercé moins d'influence,
les règles du droit civil reposaient sur la présomption
d'une origine commune ou se rattachaient de trop près
à l'organisation politique ; dans tous les cas, elles présentaient un caractère trop original pour qu'on pût les
communiquer à d'autres que ceux pour lesquels elles
avaient été faites.

Mais la loi de l'isolement est trop contraire aux destinées de l'humanité pour qu'elle ait pu conserver longtemps toute sa rigueur.

Le droit ne tarde pas à se séparer de la religion, les
liens de la famille se relâchent, la nécessité amène la
formation d'agglomérations hétérogènes que la communauté de besoins et d'intérêts maintient seule réunies.
Les formes primitives dégénèrent; les guerres, les relations commerciales amènent la création d'institutions
nouvelles. Enfin, à mesure que les progrès de la civilisation s'accentuent, une part plus grande est faite à l'é-
tranger au sein de la cité.

C'est le spectacle qui va maintenant se dérouler sous
nos yeux en examinant rapidement les renseignements
qui nous sont parvenus sur les principales nations de
l'antiquité.

A l'instar des Chinois, les Hindous se sont fait remarquer par une constante et perpétuelle immobilité. Répartis et comme emprisonnés dans des castes, ils sont
arrivés, par leurs propres forces, à une civilisation
assez avancée; mais, ce résultat une fois atteint, ils
sont demeurés stationnaires et comme épuisés par cette
longue concentration. Dans une pareille société, il n'y
avait pas de place pour l'étranger, on le regardait
comme un être profane et impur; tout contact avec lui
était une souillure; nulle relation civile n'était possible.
« Le législateur Hindou, dit Laurent, place l'étranger
dans la hiérarchie des créatures après les éléphants, les
chevaux et les çoudras; c'est à peine s'il l'emporte sur
les animaux féroces, comme les lions, les tigres et les
sangliers. (Lois de Manou, XII, 43.) »

L'Inde vécut donc isolée, sans relations extérieures avec un autre peuple, ni par la guerre, ni par le commerce, ni par les voyages ; c'était comme un monde à part.

Cependant, dans leurs rapports intérieurs, les diffé-rentes peuplades montraient un certain respect pour le droit. C'est ainsi que nous lisons au livre de Manou dans le chapitre consacré à la conduite des rois (l. VII) : « Après avoir conquis un pays, que le roi honore les « divinités qu'on y adore et les vertuenx brahmanes ; « qu'il distribue des largesses au peuple et fasse des « proclamations propres à éloigner toute crainte « ( art. 201 ) ; quand il s'est assuré des dispositions des « vaincus, qu'il installe dans le pays un prince de la race « royale et impose des conditions (art. 202) ; qu'il fasse « respecter les lois de la nation conquise comme elles « ont été promulguées (art 203). » L'hospitalité tempérait également l'application rigoureuse des principes. (L. III, p. 106.) « Que le chef de famille ne mange lui-même « aucun mets sans en donner à son hôte. Honorer celui « qu'on reçoit, c'est le moyen d'obtenir des richesses, « de la gloire, une longue existence et le Paradis. »

Les anciennes traditions nous présentent les Egyp-tiens comme un peuple inhospitalier. « A l'origine, les « rois, dit Strabon (l. 18, ch. I), voyant la richesse de « leur pays et jugeant qu'ils n'avaient rien à gagner aux « relations avec les autres peuples, avaient défendu aux « étrangers l'entrée du royaume; il y avait même des « postes militaires pour faire exécuter cette prohibi-« tion. » De là, la fable qui avait cours chez les Grecs : Busiris, roi égyptien, était représenté comme immo-lant tous les étrangers qui venaient échouer sur les côtes de son pays. (Hérodote.)

Mais dès la plus haute antiquité (1700 ans avant J.-C.) la Bible nous montre les étrangers admis en Egypte. C'est vers cette époque, sous la domination des rois pasteurs, qu'en récompense des services de Joseph, les Israélites reçoivent l'autorisation de s'établir sur la terre de Gessen, sous la suzeraineté des Pharaons. Combien

leur condition devait être précaire ! Après une possession
séculaire, les Israélites, dont la multiplication et les richesses devenaient inquiétantes pour les rois, furent
accablés de travaux et réduits en esclavage. On ordonna
même le meurtre de tous leurs enfants mâles. Bien longtemps après, la Bible nous apprend que Salomon (de 1000
à 962) épousa la fille d'un roi d'Egypte. C'est seulement
à une [époque plus rapprochée de notre ère, lorsque
Psalméticus parvint (656) à monter sur le trône et à fon-
der une dynastie avec l'aide des Ioniens et des Cariens,
que nous voyons de grandes concessions faites aux
Grecs. Non-seulement leurs soldats se mirent au service des rois, mais leurs savants vinrent visiter l'Egypte,
leurs marchands l'exploiter. Ils avaient un port qui leur
était spécialement affecté : Naucratis, et ils obtinrent
même le droit d'avoir des tribunaux composés de leurs
nationaux (Hérodote). Enfin, lorsque Cambyse eut définitivement soumis l'Egypte et l'eut rangée sous ses lois,
les étrangers eurent libre accès dans tout le royaume
(525 avant J.-C.); mais ils furent loin d'être considérés
avec faveur; un Egyptien aurait crú se souiller en man-
geant avec un Hébreu. « Il n'y a point d'Egyptien, dit
« Hérodote, ( II, 41) qui voudrait embrasser un Grec,
« ni même se servir du couteau d'un Grec, ni même
« goûter de la chair que ce couteau aurait coupée. » (1).

Sur la législation hébraïque nous avons déjà plus de
détails ; nous savons qu'elle distinguait deux catégories
d'étrangers : les prosélytes de justice et les prosélytes
d'habitation. Les prosélytes de justice étaient les étrangers admis à la naturalisation. Cette faveur leur était
assez facilement accordée, excepté à certains peuples;
les Egyptiens et les Iduméens, par exemple, ne pouvaient
l'obtenir qu'après la troisième génération; d'autres en
étaient exclus à tout jamais. Il fallait d'abord manifester
sa volonté d'entrer dans l'assemblée du Seigneur devant
trois juges au moins, puis se faire circoncire, recevoir

---

(1). V. *Champollion-Figeac*, hist. de l'Egypte. — *De Pastoret*, hist. de la
législ. — *La Bible*, Genèse et Exode. — *Diodore de Sicile*. I. 78.

le baptême de tout le corps et offrir un sacrifice au Seigneur. A partir de ces cérémonies l'étranger naissait à une vie nouvelle : tous les liens qui existaient entre ses anciens parents et concitoyens se trouvaient rompus par une sorte de *capitis deminutio*, et on allait jusqu'à dire qu'il recevait une âme nouvelle. Il était, quant à sa condition, assimilé aux Juifs d'origine et ne s'en distinguait plus que par son inaptitude aux magistratures et par quelques inégalités en matière de mariage et de succession. Quant à l'étranger d'habitation, on l'astreignait à l'observation des lois d'ordre public, sous peine de mort ou d'esclavage. Sa condition était inférieure ; il était défendu de se marier avec lui ; sur les immeubles, il ne pouvait avoir qu'un droit de jouissance finissant à l'année jubilaire, c'est-à-dire tous les cinquante ans. Il avait la propriété de ses autres biens, mais ne pouvait les transmettre ni par succession, ni par testament. Lorsqu'il avait acheté un esclave Hébreu, on pouvait toujours annuler la vente en lui remboursant le montant du prix, déduction faite des journées de travail de l'esclave ; de plus, au bout de sept ans, cet esclave était libéré de droit. Il n'en était pas de même de l'étranger, lorsqu'il était esclave : sa servitude était perpétuelle et il pouvait être transmis par succession. L'année sabbatique était signalée par la remise de toutes les dettes ; cette loi ne s'appliquait pas aux étrangers ; il était même permis de leur prêter à usure.

A certains points de vue, la loi témoignait pour l'étranger d'une certaine mansuétude ; on l'admettait à venir rendre ses hommages à la divinité dans le temple, on le plaçait sur la même ligne que le pauvre, la veuve, l'orphelin. « Souvenez-vous que vous avez été esclaves en Egypte, et que le Seigneur votre Dieu vous en a tirés ; c'est pourquoi voici ce que je vous ordonne : lorsque vous aurez coupé les grains de votre champ et que vous y aurez laissé une javelle par oubli, vous n'y retournerez pas pour l'emporter, mais vous la laisserez prendre à l'étranger, à l'orphelin, à la veuve, afin que le Seigneur votre Dieu vous bénisse dans l'œuvre de vos mains. »

(Deutéronome XXIV, 18 et suiv.) La même prescription
était faite pour la récolte des vignes et des oliviers, et
afin d'en rendre l'observation plus facile, on exonérait
de l'impôt une partie du champ. On ordonnait que tous
les sept ans la terre restât sans culture. « Vous ne mois-
sonnerez pas ce que la terre produira d'elle-même, était-
il dit, tout ce qui naîtra servira à vous nourrir ainsi que
votre esclave, votre servante, le mercenaire et l'étranger, » (Lévit. XXV, 5 et suiv.). Le jour de la fête des
Tabernacles, l'étranger était convié aux festins que l'on
célébrait pendant sept jours en mémoire de la sortie
d'Egypte (Deut. XVI, 11); on recommandait de faire
bonne justice aux étrangers; ils étaient soumis à la juridiction des Noachides et à des lois qui leur étaient propres.
Les juges étaient pris parmi les Hébreux, plus souvent
parmi les prosélytes eux-mêmes. Dans le cas où une
contestation s'élevait entre un étranger et un Israélite
c'était, d'après la jurisprudence, le droit le plus favorable à l'Hébreu qu'il fallait appliquer (v. de Pastoret,
*Hist. de la lég.* t. III, ch. 9, p. 254 qui renvoie à Selden :
*de Jure naturali*; Salvador : *Législ. de Moïse*).

Le progrès que nous venons de constater chez les
Hébreux, le retrouverons-nous chez les Grecs, ce peuple
que nous considérons à juste titre comme le père de
la civilisation européenne?

Voici comment M. Laurent résume la condition des
étrangers dans ce pays : Tous les peuples qui n'appartenaient pas à la famille hellénique étaient des barbares
et placés hors du droit. Quant aux Grecs, dès qu'ils
étaient sortis de leur cité, ils étaient traités d'étrangers
et comme tels exclus des cérémonies publiques, des
mystères, des rapports de famille; ils ne pouvaient ni
devenir propriétaires d'immeubles, ni ester en justice,
ni disposer de leurs biens par testament, ni probablement transmettre leur succession *ab intestat* à leurs
parents étrangers.

L'hospitalité, une des vertus les plus estimées dans
l'antiquité, prit chez certains peuples de la Grèce le
caractère d'une institution publique. Une loi des Luca-

niens condamnait à l'amende ceux qui refusaient de recevoir l'étranger après le coucher du soleil. Charondas recommande l'hospitalité comme un devoir sacré et la place sous la garantie de Jupiter. Aux repas communs de l'ile de Crète, il y avait deux tables pour les étrangers; les premières portions leur étaient réservées : ils étaient servis avant les magistrats (cependant ce fait parait contestable).

La proxénie se présentait avec un double caractère : tantôt c'était une sorte de magistrature conférée par l'Etat à des citoyens chargés, principalement à l'occasion des grandes fêtes religieuses, de prendre soin des étrangers et de veiller à leur entretien; tantôt c'était une sorte de patronage privé : un membre influent d'une cité prenait sous sa protection les citoyens de telle cité étrangère et surveillait leurs intérêts. Quelquefois même la cité étrangère choisissait un de ses membres auquel elle conférait le titre de proxène avec l'agrément du peuple qui devait le recevoir. La proxénie n'était en quelque sorte qu'une forme plus large de l'hospitalité; elle obligeait à assister l'étranger de tous les moyens possibles, et spécialement à le représenter devant les tribunaux. On a comparé les proxènes à nos agents diplomatiques, à nos consuls; il y a cependant entre eux une grande différence, c'est que le proxène n'a aucun caractère public reconnu par la nation dans laquelle il réside; il ne représente pas la cité étrangère comme telle, il n'a de rapports qu'avec ses membres individuellement considérés; partant son assistance n'est que celle d'un particulier, et elle manque de l'autorité dont sont investis nos représentants à l'étranger.

Nous connaissons des conventions par lesquelles deux états stipulaient que ceux de leurs membres qui s'établiraient dans la ville alliée y jouiraient de tous les droits des citoyens, sauf cependant les droits politiques. Mais ces conventions sont très rares. Les seuls exemples qu'on cite sont ceux des villes de Crète, d'Athènes et de Rhodes. L'isopolitie fut conférée quelquefois par décret et d'une manière unilatérale : ainsi les Bysantins l'accordèrent aux Cithéniens, qui les avaient secourus contre Philippe de Macédoine. Il paraît qu'il y eut aussi des essais de tribunaux internationaux, principalement entre les cités commerçantes : l'étranger pouvait soutenir ses droits sans recourir à un patron ; mais l'usage ne paraît pas s'en être généralisé.

Une convention conclue entre les villes de Loeride, Xauthea et Chaleion, après avoir réglé le brigandage et fait une part au droit d'enlever les étrangers et de piller leurs biens, en frappant d'une forte amende ceux qui commettraient de tels actes en dehors des cas spécifiés, assurait à l'étranger l'exercice de certains droits civils dans chacune des cités contractantes. Pour le jugement des causes où l'étranger était intéressé, on instituait deux degrés de juridiction, d'abord des magistrats appelés Xénodiques, puis un tribunal composé, suivant l'importance du litige, de 9 ou 15 membres pris dans une classe de citoyens particulière.

Certaines législations nous sont mieux connues ; donnons quelques détails sur celles de deux cités qui personnifient admirablement les races dominantes de la Grèce : Sparte et Athènes.

Sparte pratiqua constamment la xénélasie instituée par Lycurgue ; aucune cité ne fut plus jalouse de sa constitution et ne chercha davantage à en assurer la stabilité et la durée par l'isolement. On devait chasser tous les étrangers qui venaient sans but utile s'établir dans le pays, dans la crainte qu'ils ne devinssent des fauteurs de troubles, des corrupteurs de la pureté des institutions. Cependant l'exclusion n'était pas absolue : les Spartiates rendaient hommage à Jupiter et à Minerve hospitaliers, ils donnaient des jeux publics qui attiraient un grand concours d'étrangers et ils avaient institué des proxènes pour en prendre soin ; Thalès, Terpandre, Tyrtée furent même appelés à Sparte par les magistrats eux-mêmes, et ce dernier reçut les honneurs du droit de cité. (V. Plutarque, *vie de Lycurgue*, trad. Amyot.)

Athènes était animée d'un esprit plus libéral et plus

généreux. Dans son sein nous trouvons les métœques ; ce sont des étrangers domiciliés dans la ville où ils exercent le commerce et l'industrie. Leur condition nous est assez bien connue.

Ils étaient obligés de faire devant les magistrats une déclaration indiquant leur volonté de demeurer à Athènes et l'industrie qu'ils comptaient y exercer. Leur premier devoir était de se choisir un patron ou prostrate qui les représentait dans les actes de la vie civile et répondait d'eux. S'ils n'observaient pas cette règle, leurs biens étaient confisqués.

Ils étaient soumis à des charges fort lourdes : ils devaient payer une capitation (metœchium) annuelle de douze drachmes pour les hommes, de six pour les femmes, plus trois oboles par famille pour le percepteur ; une taxe du sixième de leurs biens (Demosth. adv. Androt. t. 3. p. 231-232) et à défaut de paiement, ils pouvaient être vendus comme esclaves. L'atélie, exception d'impôts, pouvait leur être accordée. Ils servaient dans les hoplites, le corps le plus exposé ; certaines fonctions humiliantes leur étaient imposées dans les cérémonies publiques.

Astreints à l'observation des lois de police, leurs crimes étaient punis plus sévèrement que ceux des citoyens. Ils n'avaient pas le droit de se marier avec les citoyens, ni d'acquérir une propriété immobilière. Ils ne pouvaient adopter un Athénien ni être adopté par lui. Mais, avec l'assistance de leur prostrate, ils avaient accès en personne devant les tribunaux et participaient aux autres droits civils. (*Corpus Juris Attici*. Téfly, sect. III. Potter, antiq. IV, ch. XV, p. 657. Perrot, *Droit public d'Athènes*, ch. III. de Sainte-Croix. *Recueil de l'acad. des Inscript.* t. 48, p. 176.)

Lorsqu'ils avaient rendu des services à l'État, ils pouvaient obtenir l'isotélie ; ils jouissaient alors d'une considération plus grande et bénéficiaient d'une partie des prérogatives des citoyens. Leur contribution était diminuée, ils pouvaient donner leur avis dans les affaires publiques, mais l'accès de la magistrature et du sacerdoce leur était interdit.

Le droit de cité leur était enfin quelquefois concédé par le peuple, mais il fallait alors au moins 6000 suffrages exprimés au scrutin secret, et la concession pouvait toujours être attaquée devant le peuple et révoquée par lui.

En principe, ce que l'Archonte était pour les citoyens, le Polémarque l'était pour les étrangers domiciliés : c'était lui qui réglait tout ce qui se rattachait à l'état civil et aux droits de famille ; ainsi, il prenait soin des mineurs, faisait administrer leurs biens par un tuteur qu'il avait accepté ou désigné. Une succession *ab intestat* était-elle ouverte ? il veillait à ce qu'elle fût dévolue suivant l'ordre de la parenté ; (Cauvet, *du Polémarque*).

C'était devant lui également qu'on devait porter toutes les accusations élevées contre les métœques, lorsqu'ils n'avaient pas rempli les obligations auxquelles ils étaient astreints ; il recevait aussi la dénonciation contre le métœque qui ne s'était point choisi un prostrate.

De même encore, un métœque avait-il à se plaindre d'un manque d'égards de la part d'une personne lui devant le respect, de ses enfants, par exemple, il se présentait devant le polémarque (Perrot, *Droit public d'Athènes*).

Il y avait un acte pour lequel l'intervention du polémarque était toujours nécessaire, c'était lorsque l'on exigeait de l'étranger une ou plusieurs cautions à l'appui d'un engagement quelconque. (Ceci avait lieu notamment quand on demandait la liberté sous caution). Mais doit-on dire qu'il suffisait qu'un étranger fût partie dans un procès· pour que le polémarque devînt compétent ? M. Perrot qui se pose la question (*Droit public*, p. 264-265) pense qu'il faut répondre négativement. Il se fonde sur ce que les magistrats avaient à Athènes une compétence nettement circonscrite, et que ce principe aurait été constamment bouleversé si la présence d'un étranger au procès avait dû amener l'intervention nécessaire du polémarque. Les procès des étrangers devaient être portés fréquemment au contraire devant les Thémothètes. Ces magistrats connaissaient, comme l'indique Sainte-Croix, de l'accusation pour corruption de suffrages et pour mariage par dol avec une Athénienne. Il fallait s'adresser à eux pour toutes les affaires se rapportant au statut réel, et pour toutes les difficultés relatives à l'exécution des contrats.

Ainsi donc, c'est d'eux que ressortissait le plus grand nombre d'affaires concernant les étrangers, car il faut noter, en outre, qu'ils avaient remplacé les ναυτοδίκαι, juges maritimes et présidaient (au temps de Démosthènes) le tribunal de commerce chargé de juger les affaires commerciales (Εμπορικαι δικαι), quelle que fût la qualité des plaideurs. C'était, en somme, leur juridiction qui constituait en matière de droit privé la juridiction de droit commun pour les étrangers (V. de Bœck, *du Préteur pérégrin*, p. 198 et suiv.).

Voyons maintenant la procédure suivie. Les métœques se présentaient assistés de leur prostrate. A l'origine, le procès se déroulait en entier devant les magistrats qui terminaient eux-mêmes le différend par une sentence qu'ils rendaient seuls ou assistés d'assesseurs sans caractère officiel. Mais ils ne tardèrent guère à se décharger de ce soin sur un tiers qu'ils désignaient ou agréaient, et qui avait pour fonction de trancher le débat par un arrêt motivé (ὁ διαιτητης). Vers le milieu du v⁰ siècle, on organisa de grands jurys répartis en sections, auxquels toutes les affaires privées purent ressortir, et alors les juges n'eurent plus qu'une compétence en premier ressort et dont on pouvait toujours se dispenser.

Lorsqu'on ne recourait pas à un arbitrage ou qu'on ne demandait pas à être jugé par un diœtète, le magistrat, après avoir fait une instruction sommaire, et procédé aux mesures préparatoires, convoquait les jurés, les saisissait de la cause et présidait les débats. Puis il promulguait le jugement et lui donnait force exécutoire.

Telle était cette organisation athénienne déjà bien remarquable et réalisant de grands progrès, puisque dans certaines conditions l'étranger se trouvait placé sous le couvert de la loi athénienne et pouvait même invoquer parfois la protection de sa loi nationale.

Il ne nous reste plus, pour terminer ce chapitre, qu'à déterminer la situation de l'étranger, quand il était soumis par la force des armes et obligé de subir la loi d'un vainqueur.

À l'origine, la guerre eut un caractère de violence atroce, elle entrainait la destruction ou l'esclavage. Lorsque les Hébreux s'emparèrent du pays de Chanaan, ils exterminèrent la race qui l'habitait. Plus tard ils furent, eux aussi, emmenés en captivité par les rois de Babylone. Lorsque l'étendue du territoire conquis était trop grande pour qu'on pût réduire tous ses habitants en servitude, on les employait à de rudes travaux, on les écrasait d'impôts et de vexations, mais on était bien obligé de les laisser jouir avec plus ou moins de restrictions de leurs institutions propres. Les Égyptiens vaincus par Cambyse furent tellement outragés dans leur religion et dans leurs mœurs qu'ils vouèrent à leurs oppresseurs une haine implacable et finirent par secouer le joug.

Les alliances entre peuples n'aboutissaient le plus souvent qu'à l'exploitation des plus faibles par les cités prépondérantes. C'est en Grèce cependant qu'avec des mœurs généralement plus douces, l'idée de la fédération se réalisa dans le sens du respect des droits privés par la fondation de la ligue Achéenne.

# DE LA CONDITION DES PÉRÉGRINS

AU POINT DE VUE DU

## DROIT PRIVÉ

---

Ce qui frappe dans le peuple romain, c'est moins peut-être l'immense développement de sa puissance, que l'habileté de sa politique et la sagesse de son administration. A la fin de la République, toutes les grandes conquêtes sont terminées, (la Gaule, soumise par Jules César, est la dernière en date des provinces romaines), et, au commencement du iii⁰ siècle de l'ère chrétienne, l'organisation générale est déjà si complète, les peuples vaincus sont rattachés par des liens si étroits au pouvoir central, que Caracalla peut accorder la qualité et les droits de citoyen à tous ceux qui font partie de l'*orbis romanus* (L., 17. *De statu hominum*, D., 1.-5).

Voilà, semble-t-il, un fait capital, puisque nous n'en avons pas trouvé d'analogue dans les annales du monde ancien. Et cependant ce n'était pas à une inspiration de libéralisme, mais à des considérations d'ordre purement fiscal, qu'obéissait l'empereur. « Il n'était pas question de liberté, dit Châteaubriand, (*Etudes historiques*, I, 1ʳᵉ partie), mais d'argent; il s'agissait non d'affranchir les masses, mais de faire payer aux individus, comme citoyens, le vingtième sur les legs et héritages, dont ils étaient exempts comme sujets. » Et il faut ajouter que cette constitution, qui accordait des lettres de naturalisation à tous les pérégrins, passa presque inaperçue.

On peut donc considérer qu'elle ne créait pas un état de choses nouveau, qu'elle ne consacrait pas une réforme importante. Et, pour qui sait avec quelle lenteur procède le génie romain, il n'est pas douteux que cette mesure, préparée depuis longtemps par le changement progressif des institutions, vint simplement légitimer un état de fait antérieur.

C'est cette élaboration que nous voudrions rendre plus facile à saisir et à comprendre, en faisant ressortir, autant du moins que le permettent les documents incomplets parvenus jusqu'à nous, les principes qui présidèrent à la réglementation juridique de la condition des pérégrins et leur facilitèrent l'accès de la cité romaine.

Nous dirons d'abord quels sont les pérégrins et où il faut chercher les sources de leur droit. Nous passerons ensuite en revue toutes les matières du droit pour mettre en relief les différences qui séparent le pérégrin du citoyen. Enfin, nous terminerons en énumérant les avantages particuliers dont bénéficièrent certains pérégrins, les Latins et ceux qui leur furent assimilés.

CHAPITRE I<sup>er</sup>

### Que faut-il entendre par *peregrini* ?

Dans une première théorie, tout homme libre qui n'est pas *civis romanus* est un *peregrinus*. (V. Villems, Droit public romain, 3ᵉ édit. 1874, p. 125-127. Voigt, *Du Jus naturale*, IV. 1875. App. XI, p. 40-67.)

L'étranger, au sens moderne du mot, c. a. d., le membre d'un État souverain et indépendant, était primitivement qualifié d'*hostis*.

*Adversus hostem æterna auctoritas*, dit la loi des Douze tables. Au vᵉ et vɪᵉ siècle de Rome, le mot *hostis* reçut une signification différente : on s'en servit pour désigner les peuples avec lesquels on était en guerre. L'expression *peregrinus* lui fut subtituée. *Multa verba aliud nunc ostendunt, aliud ante significabant, ut hostis; nam tum eo verbo dicebant peregrinum qui suis legibus uteretur; nunc dicunt eum quem tum dicebant perduellem (Varro, de Ling. lat. V. 1.)* — *Peregrini ab antiquis hostes appellabantur, quod erant pari jure cum populo romano, atque hostire ponebatur pro æquare (Festus, vº status dies.)*

A l'époque classique, on élargit le sens de cette expression et on l'employa pour désigner tous ceux qui n'étaient pas *cives romani*, qu'ils eussent ou non conservé leur indépendance. V. Gaïus (Comm. 1. p. 79), et Ulpien (Reg. XXII. 2), qui qualifient de *peregrini* les latins et les déditices. Justinien (C. VI. 24) emploie le même terme pour les déportés.

Dans un autre système, qui est plus généralement suivi, le mot *peregrinus* n'a pas reçu, du moins chez les jurisconsultes, une aussi grande extension. Il ne convient plus aux peuples qui n'ont pas conclu de traités avec Rome et qu'on appela plus tard du nom de *barbari*.

C'est ce qui résulte d'un texte de Pomponius (l. 5, 2. D. 49. 15). « *Si cum gente aliquâ neque amicitiam neque fœdus amicitiæ causâ, neque hospitium habemus, hi quidem hostes non sunt, quod autem ex nostro ad eos pervenit illorum fit; et liber homo noster ab eis captus, servus fit et eorum. Idemque est si ab illis ad nos aliquis perveniat.* »

Ainsi donc, ceux qui ne sont pas unis à Rome par un traité d'amitié ou d'alliance sont hors la loi; or, de nombreux textes que nous citerons et commenterons plus tard, nous prouvent que les *peregrini* jouissent de certains droits. D'où l'on peut conclure que tous ceux qui ne font pas partie de l'*orbis romanus*, ou ne s'y rattachent pas par un lien international, ne sont pas des *peregrini*.

Pour préciser davantage, il faut rechercher maintenant comment se détermine la pérégrinité.

Pour les Romains, on naît pérégrin ou on le devient.

1° La naissance sur le territoire n'a jamais constitué à Rome un mode d'acquérir la nationalité. Il faut donc s'attacher à la condition des auteurs. Si tous deux sont pérégrins, l'enfant a bien évidemment la même qualité. Mais si l'un d'eux est romain, la loi Mensia est venue modifier les principes de droit commun pour décider que dans tous les cas l'enfant naîtrait pérégrin. Un sénatus-consulte rendu sous Adrien apporta un tempérament à cette règle sévère, pour le cas où le père et la mère seraient devenus tous deux citoyens au moment de l'accouchement. (Gaïus, I. 92).

2° Primitivement, on admettait que la qualité de citoyen romain ne pouvait se perdre sans une manifestation de volonté de celui qui en était revêtu ; il n'existait alors que deux modes de perdre la cité : la dicatio, c. a. d., la naturalisation en pays étranger, et le *postliminium*. (Il faut supposer qu'un pérégrin fait prisonnier a été affranchi et est devenu romain ; il quitte Rome et retourne dans son pays ; alors toutes les conséquences de sa captivité disparaissent rétroactivement.)

Plus tard, on modifia ces principes. Les textes nous apprennent que toute *media capitis deminutio* entraîne la perte de la cité. Par suite, elle est la conséquence de toute condamnation devenue définitive à l'interdiction de l'eau et du feu, à la déportation et aux travaux publics perpétuels, et de l'exil volontaire (*fuga*). (V. l. 17, D. *de Pœnis*, l. 2, *eod*, l. 5, *de Capite minutis*.)

Enfin, la *deductio* dans une colonie latine produit le même résultat.

# CHAPITRE II

## Des sources du droit Pérégrin.

Ces sources sont au nombre de trois :
1° Les traités ;
2° Les lois, sénatus consultes et constitutions impériales ;
3° Les Edits des Magistrats.

Indiquons rapidement quels principes présidaient à leur confection et les documents qui sont parvenus jusqu'à nous.

### Iʳᵉ SECTION

#### LES TRAITÉS

Les Traités sont votés par le peuple et consacrés avec imprécations selon un rite religieux spécial ; ils sont dits alors sacro-saints.

Tite-Live nous indique la manière dont on les conclut. Il s'agit des Horaces et des Curiaces ; les Romains et les Latins conviennent de la manière suivante que le peuple dont les guerriers triompheront, commandera à l'autre peuple : « Un fécial adresse cette question au roi Tullus : Roi, m'ordonnes-tu de conclure un traité avec le père patrat du peuple albain ? — Oui, répond le roi — Roi, reprit le fécial, je te demande l'herbe sainte. — Prends la pure, répond le roi. Le fécial en alla cueillir de la fraîche au Capitole, puis s'adressant de nouveau à Tullus : — Roi, me fais-tu ton interprète et celui du peuple romain, fils de Quirinus ? Approuves-tu les apprêts du sacrifice, le choix de mes assistants ? — S'il ne doit être funeste, répondit Tullus, ni à moi, ni au peuple romain, fils de Quirinus, je l'approuve. — Le fécial était M. Valérius. Il fait Sp. Fusius père patrat en couvrant sa tête et ses cheveux de verveine. (Le père patrat est chargé de prononcer la formule du serment, (*patrare jusjurandum*), c'est-à-dire la ratification du traité, cérémonie qu'il accomplit en récitant une longue formule qu'il est inutile de rapporter.) Il lit ensuite les conditions et ajoute : — Ecoute, Jupiter, écoute père patrat du peuple albain, écoute aussi peuple d'Albe ; vous venez d'entendre lire à haute voix, depuis la première jusqu'à la dernière, sans dol, les conditions inscrites sur ces tablettes ; le sens en est aujourd'hui clairement arrêté ; le peuple romain ne s'en écartera pas le premier ; s'il s'en écarte le premier par une délibération publique, par un dol, que le même jour Jupiter frappe le peuple romain comme je frappe aujourd'hui ce porc ; que le coup soit proportionné à sa puissance. » A ces mots, il assomme le porc avec un caillou. De là vient que l'on dit : *fœdus ictum est* ou bien *fœdus ferire*, frapper un traité, mot à mot. Polybe mentionne un autre serment dont le rite est moins usité et plus ancien, le voici : « Un fécial prend une pierre en main, et après avoir invoqué la foi publique, il s'écrie : *Si fidem servasso tum dii me adjuvent, sin sciens fefellero, tum ego, salvis cæteris omnibus in suâ patriâ, suis legibus, suis penatibus, sacris sepulchris, solus excidam ut hic nunc lapis.* » Puis il jette la pierre en l'air.

Ces cérémonies s'accomplissaient généralement à Rome même. Ainsi, pour Antiochus, le traité fut conclu au Capitole avec Antipater, chef de l'ambassade. (T. L. XXXVII, 55).

Plus tard ces solennités tombèrent en désuétude. On employa la formule *spondesne, spondeo.* (Gaïus, III, 94).

Lorsqu'un traité était conclu, on en faisait graver le texte sur des tables d'airain qu'on consacrait et qu'on déposait au Capitole dans le trésor des édiles, (Pol. XXII, 7).

On trouve quelques traités qui, sans avoir été déférés au peuple, sont ou simplement approuvés par le Sénat, comme celui de la ville de Gadès, ou conclus avec un magistrat, comme celui que fit le roi Hiempsal avec le consul Cotta, ou consentis avec sponsio par les généraux, comme celui des Fourches-Caudines. Mais alors, comme l'atteste Cicéron, (Pro Balbo, 15), le peuple romain n'a pas prononcé, et tant qu'il n'aura pas donné son assentiment, sa foi ne sera pas engagée, (v. ég., T. L. IX, 8-10).

Les jurisconsultes distinguent le *fœdus œquum* et le *fœdus iniquum*. Dans le premier, on conclut une alliance, on traite d'égal à égal ; dans le second, le peuple étranger reconnaît la prééminence de Rome, *majestatem populi romani comiter conservare debet*. (v. l. 7, 1. D. 49. 15).

Dans les deux cas, le peuple *fœderatus* conserve *leges suas et patrios magistratus*, (v. l. 7. 1. de Captiv. 49-15), (v. ég. Cic. pro Balbo, 14. — Tite Live, 38, 11 — l. 4. D. ad. *legem Jul. majest.* 48, 4.), on peut consulter à cet égard les traités de Gadès et des Etoliens. Le texte de ce dernier nous a été conservé : « La nation étolienne ne livrera passage à aucune armée contre les alliés et amis de Rome ; elle ne lui fournira aucun secours, elle aura pour ennemis les ennemis du peuple romain, elle prendra les armes contre eux et leur fera également la guerre. (V. également les traités avec Carthage, Polybe, III, 22-24 ; avec Albe, Denys, III, 3).

Il est probable que, lorsque le *fœdus œquum* déterminait les conditions auxquelles les membres des deux Etats pourraient venir sur leurs territoires respectifs et y exercer leurs droits, on lui donnait le nom d'*amicitia* (v. Desarnauts., Th. de doct., n° 1008).

Certains de ces traités dont Tite-Live, Polybe et Denys d'Halicarnasse, (traités avec Albe, Carthage), nous ont conservé des fragments, déterminaient les rapports de droit privé qui pourraient exister entre les membres des deux Etats fédérés, et fixaient également la procédure à suivre en cas de contestation.

C'est de là qu'est né d'après Festus, le *recuperatorium judicium*.

## SECTION II

### LES LOIS ET SÉNATUS-CONSULTES, LES CONSTITUTIONS IMPÉRIALES

Nous savons qu'un certain nombre de ces dispositions législatives, bien que faites à l'origine en vue des citoyens, avaient été étendues aux pérégrins. Dans cette catégorie, il faut placer la loi Ælia Sentia, dont un des chefs, celui qui prohibait l'affranchissement *in fraudem creditorum*, fut appliqué aux pérégrins, en vertu d'un sénatus-consulte, rendu sur la proposition d'Adrien. (V. Gaïus, I., 47).

On admet généralement que le pérégrin résidant à Rome était tenu d'y respecter les lois d'ordre public et de sureté, comme le prouve le sénatus-consulte, rendu à l'occasion des associations pour les Bacchanales en 568, (V. T.-L., XXX, ch. 9., 4); de même Gaius nous apprend que les constitutions, qui ont apporté quelques tempéraments aux pouvoirs du maitre sur l'esclave doivent être respectées par les pérégrins. « *Neque civibus romanis, neque ullis aliis hominibus licet, supra modum et sine causa sævire.* » (1. 53). Cependant il est probable que ce principe ne fut accepté qu'assez tard. Nous voyons, en effet, en l'an 581, de Rome, les débiteurs, accablés par l'usure, signaler une fraude commise par leurs créanciers : ceux-ci, pour éviter les lois répressives, plaçaient leurs créances sur la tête des Latins. Aussi fut-il nécessaire de rendre un plébiscite, la loi Sempronia, pour empêcher cette manière détournée de violer la loi (T.-L).

Primitivement la loi Aquilia ne prévoyait pas le *damnum injuria datum*, émané d'un pérégrin ou dirigé contre lui. Il fallut, pour combler cette lacune, l'intervention du prêteur.

La loi Oppia, de 541, n'interdisait le luxe qu'aux *Cives*

*Romanæ.* Rappelons les paroles de protestations indignées que Tite-Live place dans la bouche du tribun Valerius : « *Ah, Hercule, universis matronis dolor et indignatio est quum sociorum latini nominis uxoribus vident ea concessa ornamenta quæ sibi adempta sint; quum insignes eas auro et purpura, quum illas vehi per urbem vident, se pedibus sequi.* » Ce ne fut qu'en 611 que cette omission fut réparée par la loi Didia.

Certaines dispositions étaient spécialement faites pour les pérégrins : citons la loi Gabinia qui leur défend *Romæ versuram facere,* c'est-à-dire de venir emprunter à Rome de l'argent pour payer leurs dettes. Il est douteux que cette loi ait été longtemps en vigueur ; Cicéron nous indique une exception qui y fut apportée par un sénatus consulte, rendu sous les consuls Lentulus et Philippe. Brutus avait prêté, sous le couvert de deux de ses amis, une somme importante à 4 o/° par mois à la ville de Salamine, et, pour obtenir une garantie, il fit rendre un sénatus consulte portant que les gouverneurs de Silicie tiendraient compte en justice du syngrapha qui avait été rédigé pour constater le prêt.

Nicodème, roi de Bithynie, s'étant plaint de ne pouvoir envoyer de secours, parce qu'un grand nombre de ses sujets étaient réduits en servitude par les publicains, le Sénat décréta : « *Ne ingenuus aliquis ex populi romani sociis in provincia servitutem serviret et ut prætores manumittendorum curam susciperent.* »

Une des sources les plus importantes était la *lex provinciæ.* Disons, en quelques mots, ce qu'étaient les provinces et la manière dont elles étaient organisées.

Dans l'usage vulgaire le mot *provincia* était quelquefois employé pour désigner une charge, une obligation. « *O Geta, provinciam cepisti duram,* » lit-on dans Térence. (Phormion, I., 2. 22.)

On désigna longtemps par là les attributions dérivant pour le magistrat de son *imperium,* c'est-à-dire celles qu'il exerçait en tant que revêtu de la puissance militaire et judiciaire. Ainsi Tite-Live (XXXIII, 43), appelle *provincia* le commandement des consuls en Italie et la juridiction des préteurs à Rome. Pompée reçut, comme *provincia*, la mission de détruire les pirates partout où il les rencontrerait.

Plus tard, la force des choses amena le pouvoir central à former des groupes, des circonscriptions correspondant aux fonctions qu'il instituait. La *provincia*, de délégation purement personnelle qu'elle était tout d'abord, prit un caractère territorial, et on ne tarda pas à employer ce mot pour désigner certains pays organisés après la conquête d'une manière définitive et administrés par des proconsuls ou des propréteurs. Sous l'Empire, les provinces reçurent leurs frontières précises, leurs divisions et subdivisions officielles, enfin tout ce qui constitue un gouvernement régulier.

L'Italie forma toujours une région à part. Il n'y eut jamais, à proprement parler, de province en deçà du Rubicon, et cependant Rome y pratiqua, dans une certaine mesure, le proconsulat. Les commandants des forces militaires, sur le pied de guerre ou dans les garnisons, résumaient en eux toutes les fonctions du gouvernement.

Dans les préfectures, des magistrats étaient envoyés pour rendre la justice, les uns, nommés par le suffrage populaire, les autres, simples délégués du préteur. Ecoutons Festus qui rapporte un texte de Valerius Flaccus : « *Præfecturæ eæ appellabantur in Italia, in quibus erat quædam earum respublica...sed in quas præfecti mittebantur quotannis, qui jus dicerent.* »

En ce qui concerne l'organisation des provinces, les Romains n'ont pas formulé de système, ils n'en ont même certainement jamais eu d'absolu. Ils ont procédé, comme le constate M. Pierson, (*De l'administration des provinces*, p. 53), par observation des faits et expérimentation. Leur méthode fut le fruit du temps, de la pratique, de la sagesse collective du peuple, du Sénat et des hommes d'Etat romain.

Dès l'origine, on reconnaît les principes de conduite qui se développeront et se préciseront plus tard et on voit fonctionner les divers rouages de leur savant mécanisme.

En premier lieu, l'administration centrale est représentée par le Sénat et par le peuple ; l'un, régulièrement saisi par un magistrat compétent, délibère et donne son *auctoritas* ; l'autre, réuni dans ses comices, fait la loi en vertu de sa souveraineté, *majestas*.

Nous trouvons ensuite des agents chargés de l'exécution, consuls, dictateurs, préteurs, triumvirs, etc., investis d'une délégation toujours définie à l'avance et réglementée avec soin, d'ordinaire par le Sénat, dans les cas graves, par le peuple.

Ces fonctionnaires ont cependant une certaine initiative, soit pour diriger les opérations de guerre, soit pour administrer le pays où ils se trouvent pendant ces opérations.

A côté d'eux, aussitôt que la conquête est assurée et que le moment d'organiser est venu, se placent des commissaires (*legati*) envoyés par le Sénat, au nombre de dix et quelquefois de quinze, chargés d'assister le général en chef, d'étudier sur les lieux les questions, de leur donner une solution provisoire, de fournir tous les renseignements nécessaires, de préparer enfin tous les éléments du travail définitif.

On aboutit ainsi à la *lex provinciœ*, œuvre du général et des commissaires, approuvée par le Sénat ou par le peuple et qui porte toujours le nom du général qui la promulgue.

Cette *lex provinciœ* ne soumettait pas indistinctement toutes les *civitates* de la région à un traitement identique ; on faisait autant que possible de la justice distributive et, comme le dit Furius aux envoyés de Philippe et des Athéniens (T.-L. XXXI. 31.), le sort de chaque peuple dépendait de la conduite qu'il avait tenue.

Les uns, les mieux partagés, parce qu'ils s'étaient de meilleure heure soumis à Rome, obtenaient la liberté, l'usage de leurs lois et le titre de socii. Les autres perdaient toute autonomie et le droit d'élire leurs magistrats ; beaucoup voyaient une partie de leur territoire confisquée ; presque tous étaient frappés de lourds impôts (*stipendia*). (On trouvera des détails très précis

dans Tite-Live sur la Macédoine et l'Illyrie, XLV. 26.
18. ; et pour la Grèce, dans Polybe, XVIII. 31.) Cicéron
nous a conservé une partie de la *lex Siciliæ provinciæ.*
(Cicér. In Verren II. 13. 17. 37. III, 15. 58.) « Tout procès entre citoyens de la même cité doit y être jugé d'a-
près les lois qui les régissent. Si un Sicilien est en contestation avec un Sicilien d'une autre cité, le préteur est
tenu de tirer les juges au sort. Si un particulier forme
une demande contre une cité ou une cite contre un particulier, on leur donnera pour juge le Sénat d'une ville
tierce, dans le cas où le Sénat des deux villes est ré-
cusé. Quand un citoyen romain appellera en justice un
Sicilien, on lui donnera un juge sicilien ; si c'est un Sicilien qui poursuit un Romain, on donnera un juge romain. Pour toutes les autres affaires, les juges seront
choisis parmi les Romains établis dans la province. Dans
les procès entre les laboureurs et les publicains, on
suivra la loi frumentaire connue sous le nom de loi
d'Hiéron. »

Il est probable que d'autres *leges provinciæ* conte-
naient des dispositions semblables, c'est du moins ce
qu'on peut conjecturer d'après deux passages de Cicéron. « Je ne parlerai pas de la juridiction usurpée dans
une cité libre contrairement aux lois et aux sénatus consultes. » (Prov. cons. 3. 4.) « Je ne parle pas de la liberté
ravie à des peuples dont les droits avaient été si formellement garantis contre toute usurpation par la loi Julia. » (In Pison 37.)


## SECTION III

### LES ÉDITS


*Edicere*, c'est, dit M. de Bœck, faire à la cité une communication ayant le caractère d'un ordre ou d'une règle-
mentation ; cette communication s'appelle *edictum*. En
règle, l'édit est lu tout d'abord à haute voix par son auteur, qui est toujours un magistrat ; après la publication

orale, vient la publication écrite par voie d'affiches (Cic. de Fin. 2. 22. de Off. 3. 20). L'affiche a lieu derrière le tribunal du magistrat dont l'édit émane, se détachant en caractères noirs avec des rubriques rouges sur une portion de mur recouverte d'un enduit blanc, ou sur un écriteau, car l'édit peut être transporté. L'affichage dure pendant le temps des fonctions du magistrat, et on peut en prendre copie.

Le *jus edicendi* appartient à tous les magistrats ; les matières les plus diverses ont été réglementées par les *edicta*, mais les plus importants étaient proposés par les magistrats lors de leur entrée en charge, édits appelés *perpetua, perpetuæ juridictionis causa proposita.* (1. 7 pr. D. 2. 1.) Leur objet était d'indiquer les règles qui devaient présider à l'exercice des fonctions. Ils avaient en principe force de loi pendant la durée de la magistrature. L'*edictum repentinum* était rendu à l'occasion de faits spéciaux, quand il se présentait une circonstance qui n'avait pas été prévue. On trouve encore des *edicta breviora* et *monitoria*, par lesquels on donne de simples avis (Pline, Epist. 5. 21.), et des *edicta peremptoria*, par lesquels on termine le procès en cas de non-comparution des parties.

Le magistrat respectait ordinairement l'exposé de principes qu'il avait solennellement proclamé dans l'*e-dictum perpetuum*. Il arriva cependant qu'il s'en écarta par complaisance ou par passion, soit ouvertement, soit d'une manière indirecte, par la rédaction d'édits supplémentaires. (V. Cic. In Verr. II. 46.) Aussi intervint-il un plébiscite en 687, la loi Cornelia, qui défendit aux magistrats toute modification à leurs édits.

A un autre point de vue, on distinguait les *edicta translatitia* et les *edicta nova*. L'édit était appelé *translatitium*, quand il reproduisait des règles antérieurement consacrées par les magistrats précédents, *novum*, dans le cas contraire.

En pratique les *edicta nová* étaient rares. Dès qu'une solution heureuse avait été trouvée par un de ces législateurs temporaires, cette décision, quoique n'ayant en

droit qu'une autorité limitée, devenait une véritable loi ;
ses successeurs, s'en emparant et l'introduisant dans
leur édit, en prorogeaient indéfiniment l'application.
Grâce à cette habitude, se forma ce corps de droit si
important dans la législation romaine qu'on appelle *jus
honorarium*.

Sous l'empire se produisit une innovation considérable. Sans entrer dans toutes les discussions auxquelles elle a donné lieu, nous admettons avec Giraud
(*Rev. de législ.* 1870-71, p. 198, 203) qu'elle eut le caractère suivant : l'empereur Adrien chargea le jurisconsulte Salvius Julianus (p. 18. D. de Confirm. Digest. et
l. 2. C. *de vetere jure enucl.*), de réunir et de systéma-
tiser toutes les décisions contenues dans les différents
édits, et il déclara que ces dispositions réunies en corps
de droit auraient force obligatoire, sans qu'il fût besoin
d'une sanction nouvelle lors de l'entrée des magistrats
en charge, et jusqu'à ce qu'elles fussent abrogées.

En théorie, le droit de rendre un édit continua donc
à subsister pour les magistrats ; en fait, ils en usèrent
fort peu, la législation étant très complète, et le droit
d'abroger l'édit général étant réservé à l'empereur.

Dans les provinces, tous ceux qui n'avaient pas reçu
l'autonomie, ressortissaient du gouverneur de la province.

A Rome, les pérégrins furent d'abord sous la juridiction du *prætor urbanus*. Plus tard, quand l'af-
fluence des étrangers devint considérable, *non sufficiente
eo prætore, dit Pomponius* (l. 2. 28. D. 1. 2), on créa un
second préteur *qui peregrinus appellatus est, ab eo quod
plerumque inter peregrinos jus dicebat.*

Telle est encore, pour la plupart des auteurs modernes la véritable cause de l'institution de la préture
pérégrime, bien qu'on ne puisse méconnaître que le
nouveau magistrat fut souvent distrait de ses fonctions
essentielles, et chargé de missions administratives, politiques et militaires.

Notons cependant que Niebuhr a soutenu (*Hist. rom.*
trad. Golbéry, Paris, 1837, VI, p. 411 et suiv.) que le se-

cond préteur n'aurait été nommé d'abord que pour commander les armées de réserve et gouverner la Sicile ; ce n'est qu'ultérieurement qu'on lui aurait donné pour charge spéciale de juger les pérégrins afin de faire échec aux patriciens en empêchant la trop grande extension de la clientèle. Dans le même sens, M. Mommsen enseigne (*Rom. Straatsrecht*, II. p. 186, n° 4) que Rome créa un autre préteur, parce qu'elle n'avait qu'un nombre insuffisant de magistrats pour pourvoir à tous ses besoins.

Quant à la date de cette institution, les auteurs les plus récents hésitent entre 511 et 512. Il est probable que c'est la première date qui est la vraie, parce que nous voyons en 512 le préteur Q. Valerius remporter une victoire en Sicile sur les Carthaginois (Val. Maxime 2, 8, 2) et nous savons que le préteur urbain n'était jamais déplacé.

La juridiction du préteur pérégrin était une juridiction urbaine. C'est du moins l'opinion généralement acceptée ; elle n'a trouvé de contradicteurs que dans Hugo et Niebuhr qui ne peuvent lui opposer que des conjectures. Les documents authentiques de la République (*lex Repetundarem — lex Julia municipalis — lex Rubira.*(V. Mommsen — *Rom Straatsrecht*, II, p. 188, not. 1) désignent ce magistrat sous le nom de *prœtor qui jus dicit inter peregrinos*. Sous l'empire on trouve quelques qualifications différentes ; notons celle-ci, *qui inter cives et peregrinos jus dicit* (v. de Bœck. op. cit. p. 15) Mais Pomponius nous dit que le préteur pérégrin *plerumque jus inter peregrinos dicebat*. D'où l'on peut conclure qu'en principe du moins, le préteur pérégrin était compétent dans les rapports des citoyens entre eux, comme le préteur urbain pouvait connaître des procès des pérégrins. On sait d'ailleurs que l'absence de compétences strictement délimitées était le trait caractéristique de la constitution romaine.

Les anciens auteurs discutaient la question de savoir si le préteur pérégrin rendait un *edictum perpetuum*. Aujourd'hui, il n'y a plus de controverse possible en présence du texte suivant de Gaïus (I.6.) *Amplissimum jus est in edictis duorum prætorum, urbani et peregrini.*

Voyons maintenant ce qui nous a été conservé de ces édits :

On a rapporté quelquefois à l'album du préteur pérégrin, le fameux édit Carbonien, mais ce n'est qu'une conjecture. On admet au contraire très généralement que Lucullus, préteur pérégrin, inventa l'action *vi bonorum raptorum* (678 de Rome). Voici le texte de ce chef de l'édit de Lucullus, tel que le reconstitue M. Rudorff d'après Ulp. D. 47. 8, 2, pr. et Cicéron pro Tull. 7 : « *Si cui dolo malo vi hominibus coactis armatisve damni quid factum esse dicetur, sive cujus bona rapta esse dicentur, quanti ea res erit, tantæ pecuniæ in eum qui id fecisse dicetur intra annum quo primum de ea re experiundi potestas fuit in quadruplum, post annum in simplum, judicium recuperatorium dabo, testibusque publice duntaxat decem denuntiandi potestatem faciam. Item si servus aut familia fecisse dicetur, in dominum judicium noxale dabo.* » Venait ensuite la formule de l'action : « *Recuperatores sunto... Quantæ pecuniæ paret in hoc anno, quo primum de ea re experiundi potestas fuit, dolo malo servi, familiæ Numeri Negidii vi hominibus coactis armatisve damnum Aulo Agerio datum (bona Auli Agerii rapta) esse, tantam pecuniam (dumtaxat quanti ea res esset, si unus liber fecisset) quadruplam (aut eum eosve qui dolo fecisse comperientur noxæ dare) recuperatores* N^m N^m A°A° c. s. n. p. a. »

Figuraient encore dans l'édit du préteur pérégrin les formules *fictices* des actions *furti et legis Aquiliæ*, dont Gaïus IV (. 37.) nous donne cet exemple : « *Judex esto. Si paret a Dione Hermæi filio furtum factum esse L. Titio, aut si paret ope consiliove Dionis Hermæi filio furtum factum esse pateræ aureæ, quamobrem eum,* SI CIVIS ROMANUS ESSET, *pro fure damnum decidere oporteret, reliq.* » Il en était certainement ainsi pour l'action *injuriarum* jusqu'au moment ou elle devint de *civilis honoria* (Le sénatus consulte de Thisbœis atteste, en 584, l'existence d'une action d'injure prétorienne délivrée directement au pérégrin et contre lui).

Enfin la loi Rubria nous indique que l'édit du préteur pérégrin contenait une formule de stipulation pour le *damnum infectum* : « *Sei, antequam id judicium qua de re agitur factum est, Q. Licinius damnei infectei eo nomine qua de re agitur eam stipulationem, quam is quei Romæ inter peregrinos jus deicet in albo propositam habet, L. Seio repromisisset, tunc quidquid eum Q. Licinium ex ea stipulatione L. Seio facere oporteret ex fide bona dumtaxat HS ejus judex Q. Licinium L. Seio, sei ex decreto II virei. III virei præfecteive Mutinensis, quod ejus is II vir III vir præfecteive ex lege Rubria seive id plebeive scitum est decrevit, Q. Licinius eo nomine qua de re agitur L. Seio damnei infectei repromittere noluit, condemnato; sei non paret absolvito.* »

C'est à Cicéron que nous devons les quelques renseignements possédés par nous sur les édits provinciaux. Voici les différents passages de ses ouvrages où il en est parlé. « J'ai composé mon édit à Rome : je n'y ai rien ajouté qu'à la demande des publicains qui me prièrent à mon arrivée à Samos, d'y admettre dans les termes mêmes, une disposition empruntée à votre édit. L'article qui regarde la diminution des charges des villes est rédigé avec beaucoup de soin. Il s'y trouve quelques dispositions nouvelles d'une grande utilité pour les villes Remarquez que dans mon édit *translatitium*, j'ai fixé l'intérêt de l'argent à 1 % par mois, en permettant l'anatocisme. (Lettre 222, ad Attic.).

« L'édit de Bibulus ne renferme rien de nouveau, à part cette exception dont vous me marquez qu'elle constitue un *præjudicium* trop peu honorable pour notre ordre. J'en ai admis une qui a à peu près le même sens, mais qui est conçue en termes plus mesurés. Je l'ai prise dans l'édit de Quintus Mucius Scœvola, alors qu'il était gouverneur d'Asie; elle est ainsi conçue : *extra quam si ita negotium, gestum est ut ei stari non oporteat ex bona fide.* J'ai copié plusieurs articles de l'édit du même Scœvola, comme celui qui permet aux Grecs de terminer entre eux leurs difficultés selon leurs lois; ce qui fait qu'ils se regardent comme des peuples libres (Lettre 253).

« Mon édit est fort court, parce que j'ai tout réduit sous deux chapitres. Dans le premier, je traite des affaires provinciales : comptes de villes, dettes d'argent, intérêts, syngraphœ, et tout ce qui regarde les publicains. Le second contient ces affaires qu'on a coutume de juger d'après l'édit : *de hereditatum possessionibus, de bonis possidendis, vendendis, magistris faciendis*. Pour le reste je n'ai rien écrit, j'ai dit que pour ces choses je rendrais mes décrets selon les *edicta urbica*. C'est ainsi que je tâche de contenter tout le monde.

« Les Grecs sont charmés d'avoir des juges de leur nation, de plaisants juges, dites-vous, ils croient cependant qu'ils jouissent de l'*αυτονομία*. (Eod. lett. 252)

« Si dans les provinces on est souvent forcé d'établir d'autres règles qu'à Rome, on ne peut alléguer cette nécessité pour les *hereditatum possessiones* ni pour les successions qui échoient aux femmes. Car je vois que sur ces deux points tous les magistrats et toi-même, Verrès, vous vous êtes expliqués en autant de mots, ni plus, ni moins que dans les édits de Rome (In Verrem., 1, 46). »

---

# CHAPITRE III

### EXPOSÉ DES PRINCIPES CONTENUS DANS LES SOURCES.

Nous allons d'abord indiquer les principes généraux qui servaient à déterminer la condition des pérégrins, puis nous entrerons dans le détail des institutions, en parcourant successivement les différentes matières du droit, et en signalant avec soin ce qui distingue le pérégrin du citoyen.

## Première partie. — Principes généraux.

Les règles appliquées au pérégrin à Rome ou dans les provinces sont empruntées soit à leur droit local, plus ou moins modifié, soit au droit romain lui-même dans la partie de ce droit qui a paru communicable.

## 1re SECTION

### DU STATUT PERSONNEL DES PÉRÉGRINS

La question de savoir comment et dans quelle mesure les pérégrins pouvaient invoquer leurs lois propres devant les tribunaux romains, ne se pose bien entendu que pour ceux qui ont une *certa civitas*.

Si nous nous plaçons au point de vue de ceux qui par un traité ou une concession unilatérale ont obtenu la jouissance de leurs institutions nationales avec le titre de *fœderati* ou de *socii*, nous n'avons qu'à prévoir le cas où ils viennent sur le territoire romain porter un procès devant la juridiction romaine. Mais s'il s'agit de provinciaux, qui ont perdu leur autonomie, il faut non-seulement nous demander s'ils peuvent se prévaloir de leurs lois propres, lorsqu'ils quittent leur pays pour s'établir à Rome, par exemple, mais encore déterminer à quelles conditions les gouverneurs de province ont laissé subsister et sanctionné leurs us et coutumes sur leur territoire.

Il est incontestable d'abord que les usages locaux ont survécu à la conquête romaine et qu'il s'est formé par là tout un droit provincial conservant son caractère distinct et original.

En ce qui concerne l'état et la capacité des personnes, rappelons que Gaïus, dans plusieurs passages de son traité élémentaire, mentionne des principes posés sur les législations pérégrines, non comme ayant antérieurement existé, mais comme actuellement vivantes.

Ainsi, il constate que l'esclavage est généralement admis (I. 51.) ; que les Galates ont organisé une puissance paternelle assez semblable à la *patria potestas* (I. 55.) que la tutelle testamentaire et la curatelle existent chez presque tous les peuples (I. 189-197) que certains d'entre eux, notamment les Bithyniens admettent une tutelle des femmes, différente d'ailleurs de celle des Romains. (I. 193.)

Des documents attestent la validité d'un affranchissement fait *secundum leges peregrinorum.* (Bœck. C. I. Gr. II. p. 1005, n° 2114).

La découverte des tables de Malaga et de Salpenza, celle plus récente des bronzes d'Ossuna, a fait connaître l'existence de règles spéciales à ces villes en matière de tutelle, d'acquisition du titre de citoyen, etc.

Nous lisons aussi dans Aulu-Gelle (Nuit. att. l. 4, ch. 4) que les villes latines jusqu'à la loi Julia jouissaient d'un droit spécial en ce qui concerne les sponsalia (fiançailles).

Pour ce qui concerne l'organisation de la propriété nous savons par Gaïus (II. 40) qu'aucun peuple pérégrin n'avait admis de division du domaine correspondant à la distinction du *nudum dominium* et de l'*in bonis*.

En matière de crédit réel, nous trouvons dans Cicéron la preuve qu'on recourait au droit hellénique, avant que l'hypothèque put fonctionner à Rome. Ainsi Lysianas, citoyen de Temnos constitue une hypothèque pour un prêt sur un *fundus temnites*, sis à Appollinis, *libera civitas* de Mysie, au profit de C. Appuleus Decianus (Pro Flacco, 21).

Philoclès d'Alabanda, *libera civitas* de Carie, en constitue une sur un *fundus Alabandensis* au profit de M. Clurius, citoyen romain. (*Ad famil.* 13-56).

Au point de vue des obligations, Gaius, dans un paragraphe resté pour la plus grande partie illisible vise différentes législations pérégrines « *nam... apud peregrinos quid juris sit singularum civitatum jura requirentes, aliud.* » (III 96).

Il signale dans le même chapitre l'usage que font les pérégrins des syngraphœ et des chirographa, *quod genus proprium eorum est.* M. de Bœck cite dans son étude sur le préteur pérégrin, d'après Voigt, un nombre considérable de passages constatant l'emploi de ce mode de procéder en matière de prêt à intérêts.

Pline le jeune dans ses Epîtres (X, 38, X,[109-110) indique l'existence de règles locales relativement aux choses vacantes, aux successions en déshérence, aux privilèges accordés aux villes sur les biens de leurs débiteurs. Papinien nous en donne un exemple pour la ville d'Antioche (l. 37, D. 42, 5) :

« *Antiochensium Cœlœ Syriœ civitati, quod lege sua privilegium in bonis debitoris accepit, jus persequendi pignoris durare constituit.* » (V. ég. l. 34. D. de Legibus).

Enfin d'une manière générale Tite-Live remarque que chez les peuples de race grecque, il n'y a eu qu'à supprimer ou corriger les institutions incompatibles avec les droits des conquérants et à respecter les législations particulières (XXXIII, 32). On peut même citer des cas où les Romains ont donné des lois à des peuples sur leur demande. Ainsi fit Paul-Emile à l'égard des Macédoniens et Tib. Sempronius Gracchus en faveur des Espagnols.

De même, il est facile de démontrer par les textes qu'à Rome le prêteur pérégrin tenait compte des *leges moresque peregrinorum.* (1).

Citons les plus probants : Gaïus (I. 94), nous apprend que, quand un pérégrin marié *secundum leges suas*, reçoit le droit de cité avec sa femme enceinte, l'enfant qui naît ultérieurement ne tombe pas sous sa puissance ; il faut une concession spéciale de l'Empereur. La question ne se serait pas posée si la filiation n'avait pas été certaine et, par conséquent, si le mariage antérieur n'avait pas été reconnu.

Un pérégrin affranchit son esclave *inter amicos ;* le prêteur ne peut le faire maintenir en liberté que si la législation de ce pérégrin ne prescrit pas certaines formes à peine de nullité. (Dosithée, Disput. de Manum., p. 12).

Ulpien constate (Reg. 20-16) qu'un pérégrin peut *tester secundum leges moresque civitatis suœ ;* il ne distingue pas suivant qu'il est procédé à ce testament sur le territoire de la *civitas* ou à Rome même.

(1) Ce point a été parfaitement mis en lumière par M. Bonneville, qui, le premier dans son cours, paraît avoir attaché à la question du statut personnel des pérégrins toute l'importance qu'elle mérite. (V. ég. Frenoy, Th. de Doct. Paris, n· 946. — Desarnauts, Th. de Doct. loc. cit.)

En matière d'obligations, nous avons un texte curieux. Supposons avec Gaïus (III, 120), qu'un pérégrin a fait une *fidepromissio*. L'obligation de ces cautions ne passait pas aux héritiers. Il en sera autrement pour les héritiers du *fidepromissor* pérégrin, si sa loi nationale renferme une disposition contraire à celle de la loi romaine.

Enfin, Paul (II, 14, 1) pose en principe qu'entre citoyens romains le pacte ne donne lieu qu'à une exception. C'est donc qu'entre pérégrins, on accorde une action sur le fondement d'un pacte, probablement par respect de leurs coutumes.

Ceci posé, la seule question qui puisse faire difficulté est la suivante : Le pérégrin *certæ civitatis* peut-il demander de plein droit l'application des *leges moresque civitatis suæ*, ou faut-il que la jouissance lui en soit concédée expressément, soit par la *lex provinciæ*, soit par l'édit du magistrat?

A notre sens, on ne doit pas hésiter, en présence du texte de Cicéron que nous avons rapporté plus haut. Il déclare expressément qu'il a inséré dans son édit un article emprunté à l'édit de Mucius Scœvola, pour la province d'Asie, et qui permet aux Grecs de terminer leurs différends selon leurs propres lois. D'où l'on peut conclure, ce semble, avec certitude qu'il était nécessaire que l'édit accordât la jouissance du *jus proprium*.

Cette manière de voir est d'ailleurs la seule conforme à l'idée que les Romains avaient des effets de la conquête si le peuple était *deditice*. Tite-Live nous a conservé la formule par laquelle il remet toutes les choses divines et humaines aux mains du peuple prééminent ; les déditices n'avaient donc rien que ce qu'ils tenaient de la générosité du vainqueur. En dehors de ce cas, la suprématie des Romains est telle, qu'ils disent des pays *in provinciam redacti*, qu'ils sont *servitute mulctati, in arbitratu, potestate, ditione populi romani*. Il est donc plus que probable que, sur un territoire devenu le leur, le seul droit existant était celui que leur représentant, muni des pleins pouvoirs de la République, voulait bien reconnaître et confirmer.

Pour se convaincre de la toute-puissance des magistrats romains, il n'y a qu'à lire ce passage d'une lettre adressée par Cicéron à son frère Quintus : « La science du gouvernement provincial se trouve singulièrement simplifiée en Asie. Les seules qualités qu'elle exige sont cette fermeté de cœur et cette dignité de caractère qui ne permettent ni à l'intrigue d'agir ni au soupçon de naître. Si la douceur du juge a tant de prix à Rome, où l'opinion est si exigeante, la liberté publique si-excessive, combien un préteur ne doit-il pas s'appliquer à se faire chérir par son aménité dans un pays où son bon plaisir décide seul et irrévocablement du sort de tant de citoyens, tant d'alliés, de cités et de populations entières. »

Il résulte de là que les magistrats romains devant dans leurs édits accorder aux pérégrins la jouissance de leurs *leges moresque* avaient l'occasion de les modifier, de les corriger, lorsque ces usages n'étaient pas en harmonie avec l'esprit général de leur propre législation et leur manière de concevoir la justice. Par là, certainement, une porte fut ouverte à la pénétration du droit romain dans les provinces. Les institutions s'y modifièrent plus ou moins profondément sous l'influence des édits des magistrats, des principes nouveaux qu'ils introduisirent et des usages qu'ils consacrèrent :

## Première partie. — Deuxième section.

### DU JUS GENTIUM.

Cette expression est employée dans trois sens différents :

1º Chez les historiens de la République, Tite-Live, Quinte-Curce, Salluste, et même dans Sénèque, elle est synonyme de droit international. (V. Voigt, 1. p. 2. 24-25).

2º Dans le titre du Digeste, de Justitia et Jure, dans le commentaire 1er de Gaïus, p. 1er et dans les Instituts (l. 1. ch. 2. p. 1), on s'en sert pour qualifier ce que nous appellerions aujourd'hui le droit national.

Ulpien admet une division tripartite du droit (l. 1. 7. de Just. et Jure). Il faut distinguer le *jus naturale*, qui est l'ensemble des règles communes à tous les êtres animés ; le *jus gentium, quo gentes humanæ utuntur* ; enfin, le *jus civile, quod neque in totum a naturali vel gentium recedit neque per totum ei servit, sed quod proprium in civitate addendo vel detrahendo efficimus*.

Pour comprendre ce système, qui parait se rattacher à la philosophie épicurienne (v. Ginoulhiac, Phil. des jurisc. romains, Rev. d. législation, 1. 34. p. 321.), il faut admettre que l'homme a passé successivement par deux états : l'état de nature, l'état de société. Dans le premier, il était livré à ses instincts comme la brute et assujetti aux lois physiques ou physiologiques ; dans le second, il s'est associé à ses semblables et de ce rapprochement sont nées les lois, *usu exigente et humanis necessitudinibus*, suivant l'expression de Justinien (Inst. I, 2 p. 2. *in medio*). Le droit a donc sa raison d'être dans l'utilité ; il progresse au fur et à mesure que se développent les besoins de l'humanité. On comprend qu'on ait, dès l'origine, formulé certains principes généraux indispensables à la formation et à la constitution des sociétés, le droit de défense naturelle, la propriété, etc. Puis, ces principes généraux ont été ultérieurement modifiés, lorsque les races se sont séparées les unes des autres, suivant les aptitudes particulières de leurs membres et les conditions spéciales dans lesquelles elles se sont trouvées. Le *jus gentium* est donc l'ensemble des règles sans lesquelles la société ne peut subsister ni fonctionner ; le droit civil, au contraire, ce sont les changements apportés à ces règles dans l'intérieur des états. Le droit des gens est en quelque sorte un thème nécessaire et substantiel sur lequel vient se dérouler la série des variations propres à chaque époque et à chaque pays.

Gaïus ne se place pas au même point de vue. Il se garde d'abord d'admettre un droit commun aux hommes et aux autres êtres animés : « *Nihil juris hominibus esse cum bestiis* », disait l'école stoïcienne dont on le considère comme un des disciples les plus remarquables.

Pour lui, il y a dans les législations deux parties bien distinctes : l'une qui a un caractère original et particulier, *quod quisque populus sibi constituit, id ipsius proprium*, c'est ce qu'on appelle le droit civil ; l'autre, qui se compose des règles générales se retrouvant chez tous les peuples et ayant leur fondement dans la nature même de l'homme, c'est le *jus gentium* « *quod vero naturalis ratio inter omnes homines constituit, id apud omnes populos perœque custoditur, vocaturque jus gentium, quasi quo jure omnes gentes utuntur.* »

Les principes du droit des gens sont donc ceux que la raison naturelle, constatée par un usage universel, établit chez tous les peuples ; pour les énumérer, il faut passer en revue les différentes législations, cataloguer toutes les institutions et éliminer celles qui ne se rencontrent que chez certains peuples ; celles qui présentent partout le même caractère, forment le Code du *jus gentium*. Et il faut ajouter que Gaïus semble suivre cette méthode dans son *Traité élémentaire*, car il a bien soin de faire remarquer les points sur lesquels le droit romain est en concordance ou non avec la pratique générale.

Il est facile de se convaincre qu'il s'agit là d'une simple conception spéculative et philosophique. Comment faire sortir de la quintessence des législations un droit vivant et applicable ? Quelles sont les institutions d'une pratique universelle ? On trouvera bien chez tous les peuples un mariage, une tutelle, mais si l'on étudie les détails, on remarquera bien vite une organisation différente suivant les époques et les pays.

3° Dans de nombreux textes, le *jus gentium* est opposé au *jus civile romanum*, alors il désigne l'ensemble des règles du droit romain communicables aux pérégrins. (V. M. Bonneville, à son cours, Introd.) Justifions cette formule : Lisons les l. 17, 1, de *Pœnis*, et 15, de *Interd. et releg.* Il s'agit, dans ces textes, d'indiquer les conséquences, au point de vue du droit romain, de la perte de la cité. Ils posent, en principe, que le déporté ne peut plus invoquer les règles du droit civil, mais qu'il peut bénéficier des institutions du droit des gens. Il est bien évident que c'est au point de vue de la législation romaine qu'on se place et qu'on se pose la question de savoir quels sont les principes de cette législation applicables aux condamnés déchus du titre de citoyen.

La même remarque peut être faite à propos du p. 93, du commentaire III de Gaïus.

*Jus gentium*, droit romain communicable aux pérégrins, c'est évidemment une seule et même chose.

A quel signe reconnaîtra-t-on qu'une institution rentre dans le *jus gentium* ou fait partie du *jus civile* ?

Certains auteurs ont pensé que les formules données par Ulpien et Gaïus pourraient servir de critérium. Telle règle de droit est-elle consacrée dans les différentes législations, correspond-elle à un besoin universel ou à l'idée que nous nous faisons de la justice absolue ? Suivant que nous répondrons affirmativement ou négativement, nous la considérerons comme applicable aux seuls citoyens ou comme susceptible d'être étendue aux pérégrins.

Ce procédé a deux graves inconvénients : d'abord, il est peu pratique ; comment passer en revue toutes les législations ? ensuite il est d'une application incertaine et dangereuse ; par exemple, la tutelle testamentaire existe, de l'aveu de Gaïus, chez tous les peuples et cependant, au point de vue romain, la tutelle testamentaire est certainement du *jus civile*. De même, la *bonorum possessio unde cognati* dérive de la *ratio naturalis* ; nous verrons néanmoins qu'elle ne fonctionne que dans les rapports des citoyens entre eux.

Une autre théorie a rallié de nombreux suffrages parmi les auteurs modernes. A l'origine, le droit privé des Romains présente une physionomie absolument originale ; la religion y joue un rôle considérable ; il se rattache très intimement à la constitution politique ; il est encombré de formalités solennelles et irritantes. C'est dire qu'il est exclusivement fait pour les citoyen

et que les pérégrins ne peuvent en bénéficier que grâce
à certains tempéraments et par des moyens détournés :
l'*hospitium*, l'*applicatio*. C'est l'hôte ou le patron qui fait
valoir leurs droits pour eux. Ce régime peu favorable
dura jusqu'à la création du préteur pérégrin. Au vi^e siècle de Rome, en effet, le commerce prit une grande
extension, les pérégrins accoururent en foule et le besoin se fit sentir d'une réglementation juridique mieux
appropriée à la vie des affaires. Alors un revirement
considérable s'étant opéré dans les idées, on tira des
usages commerciaux, on emprunta aux législations
étrangères un certain nombre de principes qu'on
employa à déterminer les rapports des pérégrins et des
*cives*, après les avoir plus ou moins marqués à l'empreinte de l'esprit juridique du temps. Nous ne savons
pas au juste qui opéra cette innovation ; cependant, tout
en faisant une part à l'influence de l'*auctoritas pruden-
tium*, il est permis de croire que le principal mérite
doit en être attribué au préteur pérégrin, le mieux placé
de tous pour connaître les besoins et apprécier les
usages. Ainsi se forma le *jus gentium* au moyen d'éléments étrangers et sans influence sur les rapports des
citoyens entre eux.

Dans cette première période de son existence, il était
facile de le distinguer du *jus civile*. Bien que procédant
tous deux du génie romain, ils étaient absolument différents par l'origine, le caractère et l'application. La
démarcation ne tarda pas à s'effacer, les limites à dis-
paraître. Les citoyens ne purent s'empêcher de reconnaître que le *jus gentium* présentait de grandes facilités
et de précieux avantages, qu'il convenait mieux que le
*jus civile* aux complications et aux exigences d'une
civilisation plus avancée. Ils se l'approprièrent donc.
Adoption féconde qui produisit les plus heureux résultats, parce qu'elle permit aux Romains d'élargir leurs
anciennes formules et donna une impulsion nouvelle
aux créations juridiques. Mais jamais ils ne confon-
dirent absolument les deux séries d'institutions ; jamais
ils ne dirent du *jus gentium* ce qu'ils disaient avec or-

gueil du *jus civile* : C'est notre droit, c'est le fils légitime
de notre génie (1).

Cette explication ne nous parait pas satisfaisante,
nous ne voulons pas méconnaître que certaines institutions, par exemple l'hypothèque, ont été empruntées
aux législations étrangères; que d'autres, comme le
*fœnus nauticum*, ont été puisées dans les usages commerciaux. Ce que nous nous refusons à croire, c'est que
le *jus gentium* soit d'origine relativement récente, c'est
qu'il ait été créé exclusivement en vue des pérégrins et
pour régler leurs rapports avec les citoyens.

On exagère certainement lorsqu'on pose en principe
que la législation romaine ne renferma primitivement
que des institutions du *jus civile*. Sans doute une règle-
mentation minutieuse et arbitraire y domine, mais il est
permis de croire qu'il y eut de tout temps un certain
nombre d'exceptions. La distinction des *judicia* et des
*arbitria* est très ancienne. Keller nous semble avoir
établi que le *judicium* sanctionnait exclusivement les
droits dont l'objet était déterminé d'une manière précise,
et cette détermination, les formes solennelles avaient
pour but de l'assurer. Donc, dans les *arbitria* où l'objet
était indéterminé, les parties recouraient à des procédés
différents et non strictement réglementés. Pourquoi
n'aurait-on pas choisi ces institutions d'un mécanisme
plus simple pour s'en servir comme d'un trait d'union
entre les citoyens et les pérégrins?

Dans les traités entre Rome et Carthage, antérieurs
au vi° siècle, nous ne voyons pas que les marchands
cathaginois ou phéniciens aient jamais obtenu le *commercium*. Cependant ils venaient fréquemment dans les
ports romains et y faisaient d'importantes affaires.
C'est, nous dit-on, parce qu'ils avaient la ressource de
l'*hospitium* et de l'*applicatio*. N'en a-t-on pas exagéré
le véritable caractère? Dans les textes, ce que nous
voyons rechercher par ces moyens, c'est plutôt un appui

(1) V. Puchta, *Instit.*, 8° édit., I, p. 84. — *Voigt, Das Jus naturale œquum
et bonum und Jus gentium der Romer*, II, p. 619, 657, 662. — (*De Bœck,
du Préteur pérégrin*, p. 176 et suiv.)

moral, ou une concession de terre que des facilités de relation juridique. Il est vrai qu'on prétend que le citoyen pouvait agir en justice pour son hôte ou son client. Cette proposition est fort contestable, elle s'appuie uniquement sur un texte de Gaïus (IV, 31), qui pourrait bien ne pas avoir le sens qu'on lui attribue. Nous y lisons qu'on peut agir *lege* devant le préteur pérégrin, mais de qui s'agit-il? Est-ce d'un citoyen prenant le lieu et place d'un étranger? n'est-ce pas plutôt d'un Latin? Nous savons, en effet, que la représentation dans les actions de la loi n'était admise que dans trois cas : *Pro libertate,* — *Pro tutela,* — *Pro populo,* — et l'hypothèse prévue ne rentre dans aucune de ces exceptions.

Il y a d'ailleurs des textes qui semblent bien impliquer l'existence du *jus gentium* à l'époque de la loi des XII Tables. « *Ex causa depositi lege duodecim tabularum in duplum actio datur,* » dit Paul (Sent. 2. 12. 11.), et Justinien fait remonter à la même source la solution bien connue qui retarde l'effet translatif de la tradition de la chose vendue. « *Quod cavetur quidem etiam lege XII tabularum.* (Instit. ii. 41.) » On peut, à la rigueur, expliquer le premier texte en le référant à une mancipation avec *fiducia ex causa depositi,* mais M. Accarias a parfaitement démontré (t. Ier, 2e édit. p. 516 n. 1.) qu'on ne pouvait, par un procédé analogue, se soustraire au second. « Certaines personnes, dit-il, ont pensé que la loi des XII Tables visait non la vente, mais la mancipation. Si l'on essaie de préciser, cela ne peut signifier qu'une des deux choses suivantes: ou bien on veut dire que la loi des Douze Tables exigeait, pour que la mancipation transférât la propriété, le paiement d'un prix réel, mais alors cela impliquerait que la mancipation n'a pas toujours été une vente imaginaire, et ce n'est là qu'une conjecture sans fondement ; ou bien on veut dire qu'il fallait une remise réelle du lingot de cuivre destiné à figurer le prix, et alors, comme cette remise constitue une des solennités essentielles de la mancipation, on aboutit à cette naïveté : la mancipation ne transfère la propriété qu'autant qu'elle est une véritable mancipation. » Nous pouvons ajouter que la loi des XII Tables en proclamant le principe « *adversus hostem æterna auctoritas* » constate indirectement que le pérégrin pouvait devenir propriétaire par d'autres modes que l'usucapion.

Mais, nous dira-t-on, si vous n'admettez pas que le *jus gentium* se soit formé postérieurement au *jus civile* et ait été composé d'éléments distincts et étrangers, comment expliquerez-vous que les jurisconsultes l'aient considéré comme moins romain que le *jus civile*? D'une manière bien simple. Les Romains se sont réservé le monopole du *jus civile*, ils ont respecté en lui l'expression de leurs traditions les plus originales et les plus caractéristiques ; rien d'étonnant à ce qu'ils lui aient accordé, si je puis ainsi dire, la place d'honneur.

Pour nous résumer, nous dirons que la distinction du *jus gentium* et du *jus civile* est aussi ancienne que les premiers rapports de Rome avec les pérégrins ; elle repose sur une appréciation très sage des circonstances et des situations. Les pérégrins sont des alliés ou des sujets ; comment les tenir en dehors du droit? On leur appliquera bien leurs lois nationales, s'ils traitent entre eux ; mais s'ils traitent avec les citoyens, cette manière de procéder est impossible. Il faut donc voir si la législation romaine ne fournit pas de moyens pour régler ces rapports. Sans doute on ne peut accorder aux pérégrins la jouissance des institutions qui, soit par leur caractère intrinsèque, soit par leur mode de réglementation, impliquent la qualité et le titre de citoyen chez celui qui en demande l'application, mais n'en existe-t-il pas d'autres, non assujetties au même formalisme, ne dérivant pas de la même conception arbitraire et personnelle du droit et, par conséquent susceptibles, d'être communiquées? Telle est la question que résolut la distinction entre le *jus civile* et le *jus. gentium* ; ce dernier eut un domaine plus ou moins vaste, suivant la période qu'on envisage. Très peu nombreuses au début, les institutions qui conviennent aux pérégrins ont envahi sous l'Empire presque tout le droit, et c'est par là qu'on peut s'expliquer comment la constitution de Caracalla a pu intervenir sans réaliser une importante innovation.

Existe-t-il un *criterium* qui nous permette de décider *a priori* quelles sont les institutions qui font partie du *jus gentium*? Les textes ne nous donnent que des solutions particulières ; il serait peut-être sage de se tenir sur la même réserve. On peut remarquer toutefois qu'un double courant vint alimenter le *jus gentium* : d'une part les anciennes institutions [se modifièrent et perdirent leur caractère éminemment *quiritaire*. Les formes rigoureuses disparurent ou tombèrent en discrédit (par exemple, la mancipation, après avoir joué un rôle considérable, cessa peu à peu d'être en usage ; ainsi encore, la stipulation, tout en restant un contrat solennel, passa dans le domaine du *jus gentium*), d'autre part, sous l'influence des idées philosophiques importées de Grèce, au contact des législations étrangères et par le développement des usages commerciaux, se formèrent peu à peu des créations juridiques nouvelles, plus simplement organisées et faisant une large part à l'application du principe d'équité qui finira par dominer tout le droit romain, et constituera son plus beau titre aux suffrages de la postérité.

On peut donc dire que toutes les fois qu'une institution ne procédera pas de la conception primitive et originale du droit *quiritaire*, ou qu'elle n'aura pas reçu ou n'aura pas conservé une forme arbitraire et exclusive dans son organisation, il y a de fortes présomptions pour croire qu'elle a été communiquée aux pérégrins.

## CHAPITRE IV

### Détails sur la condition des pérégrins.

Les généralités qui ont fait l'objet du précédent chapitre ne sauraient nous suffire. Il est nécessaire de passer en revue les différentes matières du droit pour déterminer dans chacune d'elles la part faite soit au *jus gentium*, soit aux *leges moresque peregrinorum*.

Cela fait, il nous sera facile d'indiquer les différences qui séparent la condition faite aux pérégrins de celle des citoyens et par conséquent de comprendre l'intérêt que les premiers pouvaient avoir à acquérir la cité romaine.

Nous diviserons nos explications en trois sections :

1° Des personnes ;
2° Du patrimoine ;
3° De l'organisation judiciaire et de la procédure.

### SECTION Iʳᵉ

#### DROIT DES PERSONNES

On distinguait certainement, en ce qui concerne les pérégrins, des personnes physiques et des personnes morales. Celles-ci ne pouvaient exister sans une autorisation du pouvoir central ; du moins cette règle est trop importante au point de vue social pour qu'on puisse admettre que les Romains ne l'ont pas fait observer.

C'étaient les *leges peregrinæ* qui déterminaient probablement quand naissait et quand s'éteignait la personne du pérégrin. La théorie de la *capitis deminutio* faisait essentiellement partie du *jus civile* ; c'est du moins ce que nous concluons des textes qui tous ne visent que

4

la personne romaine. L'état des personnes se compose de trois éléments : *tria sunt quæ habemus, libertatem, civitatem, familiam*, dit le juriconsulte Paul (L. 11, D., *De capite minutis.*) Plaçons-nous donc successivement à ces trois points de vue ; nous examinerons ensuite la condition des incapables.

1° DE LA LIBERTÉ. — La liberté du citoyen à Rome était protégée d'une manière très efficace par le *jus provocationis ad populum* (Cic., *De republ.*, II, 31, *De legib.*, III, 4,) par le droit de recourir à l'*auxilium tribunitium* (T.-L., VII, 37. Aulu-Gelle, XIII, 12 *in-fine.*) Les pérégrins n'avaient pas ces prérogatives qui relevaient d'ailleurs plutôt du droit public que du droit privé.

La liberté s'acquérait par la naissance (et alors il fallait s'attacher exclusivement à la qualité de la mère); les dérogations plus ou moins arbitraires qu'avait apportées à ces principes le sénatus-consulte Claudien ayant été levés par la suite (Gaïus, I., 84, 86,) ou par un fait postérieur, l'affranchissement. Cette distinction était applicable aux pérégrins.

L'ingénuité conférait aux Romains des avantages particuliers, notamment le *jus aureorum annulorum*, l'intégrité de l'*existimatio*.

C'étaient les *leges moresque cujusque civitatis* qui établissaient la différence entre l'ingénu pérégrin et l'affranchi.

La perte de la liberté résultait pour le citoyen à l'époque classique de la captivité *in justo bello*, des condamnations *ad metalla* ou *ad bestias*, de l'application du sénatus-consulte Claudien, de la vente *ad pretium participandum*, de la *revocatio in servitutem*, prononcée pour cause d'ingratitude et anciennement du défaut d'inscription sur le cens ou du refus du service militaire ; enfin, de la condamnation pour *furtum manifestum*. Cette dernière cause d'esclavage avait été supprimée par le préteur aussi bien pour les pérégrins que pour les citoyens.

Les deux précédentes ne s'appliquaient pas aux pérégrins, parce qu'ils n'avaient pas à se faire recenser et que leurs lois particulières déterminaient probablement dans quelles conditions ils fourniraient à Rome les contingents exigés.

Nous savons que le sénatus-consulte Claudien ne s'appliquait qu'aux femmes libres, romaines ou latines (Paul Sent., II, 21.); que tout pérégrin, au contraire, pouvait être condamné *ad metalla* ou *ad bestias*. Les dispositions qui punissaient la vente *ad pretium participandum* s'adressaient à tout homme libre (L., 4, D., *quibus ad libert. procl. licet.*) En ce qui concerne la *revocatio in servitutem*, l'empereur Commode avait posé le principe d'une manière absolue et donné à cet égard des pouvoirs aux *præsides provinciæ* (L. 6, 1, D., *De Agnosc. vel. alend. lib.*, 25, 3.) Si des pérégrins indépendants entraient en guerre avec Rome, ils pouvaient être réduits en esclavage.

Anciennement le citoyen aliénait sa liberté par le *mancipium* et le *nexum*; le pérégrin ne le pouvait pas (1). Ces institutions, à raison de leur forme et de leur origine, quand même les textes ne nous renseigneraient pas sur ce point, devraient être classées dans le *jus civile*.

L'affranchissement était effectué par le citoyen au moyen de modes solennels ou non solennels; dans ce dernier cas, il conférait primitivement une simple liberté de fait et, après la loi Junia Norbana, la latinité.

Le pérégrin ne pouvait affranchir son esclave par les modes solennels romains, ni par le cens, puisqu'on ne l'inscrivait pas sur les registres, ni par la *vindicta*, puisque c'était une *actio legis* fictive et qu'un pérégrin n'avait pas le droit de *lege agere*, ni par le testament puisque la *factio testamenti* n'appartenait qu'aux citoyens. Mais les textes nous disent que la *manumissio* est du *jus gentium* (V. Ulpien, l. 4, *De Just. et Jure.* Gaïus, I, 52). En conséquence, le *peregrinus*, qu'il eût ou non une *certa civitas*, pouvait affranchir par des modes non solen-

___

(1) Le *nexcum* a été supprimé à Rome en 428, par la loi Pœtelia Papiria. Le *mancipium* tomba également en désuétude. Plus tard, sous l'Empire, on voit apparaître le colonat; il est fort probable que les pérégrins acceptèrent, dès le début, cette institution.

nels comme, par exemple, *inter amicos*. Seulement, dans ce cas, il ne pouvait être question pour l'affranchi d'obtenir la latinité; il ne recevait qu'une liberté de fait, protégée par le magistrat, à la condition toutefois que des formes particulières ne fussent pas prescrites par la loi nationale du *peregrinus*. C'est du moins en ce sens que nous interprétons le paragraphe suivant (12 ou 14 selon les éditions) de Dosithée (*Disput. for. de manumiss.*) : « *Peregrinus manumissor non potest ad latinitatem perducere, quia lex Junia quæ latinorum genus introduxit, non pertinet ad peregrinos, sicut Octavenus probat. Prætor tamen vel proconsul non permittet manumissum servire nisi aliter lege peregrinâ caveatur.* »

Enfin, le *peregrinus cum certa civitate* peut affranchir par les modes et suivant les formes propres à son pays, (arg. du même texte). M. de Bœck pense que c'est à un affranchissement accompli suivant la loi égyptienne que fait allusion Pline le Jeune, (Epist. X, 4) lorsqu'il demande la cité romaine à Trajan. « *Harpocrati Iatraliptæ suo manumisso a peregrina, Thesmathi Teonis, Œgyptia.* » Nous possédons en outre une inscription qui mentionne un affranchissement selon le rite juif. (Bœck, *Corp. Inscr. Græc.* II, p. 1005, n° 2114).

C'était également la *lex peregrina* qui réglait les conditions de l'affranchissement, (Gaïus nous apprend cependant que le chef de la loi *Œlia Sentia* qui défend l'affranchissement *in fraudem creditorum*, fut étendu par un sénatus consulte aux pérégrins) et ses effets, car il est très probable que les *jura patronatus* sont du *jus civile*; il ne peut y avoir de question que pour ce qui concerne les *operæ* et la *reverentia*.

La puissance dominicale variait probablement *secundum leges cujusque civitatis*. Les romains ne s'en sont occupés qu'assez tard, quand ils ont réprimé certains de ses abus. Depuis la constitution d'Antonin il ne fut plus permis *sœvire ultra modum et sine causa* (I. 53). D'autre part la puissance dominicale était du *jus gentium* (Gaius, I, 52), donc le *peregrinus sine certa civitate* pouvait avoir des esclaves.

Nous savons par Gaïus que toutes les acquisitions réalisées par l'esclave profitaient à son maître pérégrin (I. 52). L'esclave romain s'obligeait civilement par ses délits et naturellement par ses contrats. Les textes ne nous disent pas qu'il en était de même pour le *servus peregrinus*, mais cela est probable.

2° DE LA NATIONALITÉ. — Les romains se sont préoccupés de déterminer qui était citoyen et qui ne l'était pas, comment s'acquérait et se perdait ce titre ; mais ils ont laissé à chaque législation pérégrine, en ce qui la concernait, le soin de poser les principes sur l'acquisition et la perte de la nationalité.

3° DE LA FAMILLE. — L'union des pérégrins entre eux, leurs droits de famille sont réglés par les *leges moresque propriœ civitatis.* Ceci est constaté d'une manière formelle pour le mariage par Gaïus (I. 92) ; pour l'adoption par un passage de Cicéron. — (Ad. famil., 13-19) ; il recommande à *Servius Sulpicius*, le fils de Lyson, *civis Patrensis, quum C. Memmius Gemellus, quum in calamitate exsilii sui civis Patrensis factus est, Patrensium legibus adoptaverat.*

Les pérégrins peuvent-ils avoir des relations de famille avec les Romains ? Une distinction est nécessaire.

On peut dire qu'il y a à Rome deux sortes de famille : la famille Agnatique et la famille Cognatique. La famille Agnatique repose sur un lien artificiel, le lien de la puissance ; sont Agnats ceux qui sont, ont été, ou auraient pu être placés sous la puissance d'un même *pater familias.* Nul ne peut appartenir en même temps à deux familles agnatiques ; lorsqu'on en change, on subit une *capitis deminutio minima* qui amène une extinction de la personnalité.

La famille Agnatique est remarquable par l'unité qui la caractérise et par sa forte organisation : le *pater familias* est à la fois un prêtre et un juge ; pendant longtemps c'est lui seul qui exerce le droit de suffrage ; par la *patria potestas*, par la *manus*, il concentre en sa personne tous les pouvoirs ; il administre et gouverne seul le patrimoine et toutes les acquisitions réalisées par les personnes placées sous sa puissance lui profitent exclusivement.

La famille Agnatique a sa source dans les *justæ nuptiæ* et dans l'adoption ; ces membres ont des droits réciproques à la succession et à la tutelle les uns des autres.

De cet exposé général il est facile de conclure que la famille Agnatique relève exclusivement du *jus civile* et ne peut exister qu'entre citoyens.

La famille Cognatique, au contraire, est fondée sur la parenté naturelle, sur le lien du sang. Elle peut donc être considérée comme faisant partie du *jus gentium* et se comprend dans les rapports de pérégrin à citoyen.

A cause des formes spéciales, le pérégrin ne peut être adopté par un romain ni l'adopter ; mais la célébration du mariage n'étant entourée d'aucune solennité une union légitime et morale peut exister ente Romains et Pérégrins.

Du Mariage du « Jus Gentium ». — Les textes l'appellent *matrimonium non justum, non legitimum, sine connubio* (Gaïus, I, 57 et 75. L. 13, p. 1. D. 48, 15. L. 37. p. 2. D. 50. 1), et nous la désignons par l'expression : mariage du *jus gentium* (1).

Conditions. — Les textes sont muets sur les conditions auxquelles ce mariage est assujetti ; il est probable cependant que l'*affectus maritalis* et le *consortium vitæ* sont nécessaires et suffisants pour le constituer (arg. de la l. 5, p. 1, D. *de bonis damnatorum*) ; on y faisait respecter aussi les prohibitions fondées sur la parenté, et l'inceste du droit des gens y était puni.

Effets entre les Époux. — Quant aux effets, nous savons que l'obligation de fidélité était imposée à la

---

(1) Le mariage entre Romains et Pérégrins peut se présenter dans trois cas différents : 1° Deux citoyens s'étant mariés, l'un d'eux est déporté (l. 5, 1. D. *de Bonis damnat.*) ; 2° Deux pérégrins s'étant mariés *secundum leges suæ civitatis*, l'un d'eux seul obtient le *jus civitatis* (Gaïus, I. 92) ; 3° Un Pérégrin s'unit à une citoyenne ou inversement (Gaïus, I. 67).

femme, dont l'adultère était réprimé par la loi Julia
(l. 13, p. 1, *Ad leg. Jul. de* Adult.). On a quelquefois
interprété ce texte en ce sens que la loi Julia se serait
appliquée à tous les mariages, même à ceux célébrés
*secundum leges peregrinorum*, mais la *Collatio legum
Mos.* (t. 4., ch. 5), et un passage des Topiques de Cicéron (Ch. 4), prouvent qu'il ne s'agissait dans cette loi
que de punir l'adultère dans les mariages entre citoyens ou entre pérégrins et citoyens. Seulement, à la
différence de ce qui avait lieu pour les *justæ nuptiæ*, le
mari ne pouvait pas exclure pendant soixante jours un
accusateur étranger. Il est vrai qu'on ne pouvait pas lui
opposer les fins de non-recevoir, par lesquelles on écar-
tait l'action d'un *extraneus*, et lui objecter : 1° Qu'il était
noté d'infamie ; 2° Ou, s'il était affranchi, que sa fortune
ne se montait pas à 30,000 mille sesterces, et qu'il n'a-
vait pas de fils.

Il est très probable que les époux se devaient assistance, secours mutuels, *reverentia*, et que la femme, à
part la nationalité, prenait la condition du mari (l. 37,
p. 2. *Ad municiplem*). M. Accarias (t. Iᵉʳ p. 202, not. 1,)
pense que cette loi confond le domicile et l'*origo*, et
qu'elle signifie simplement que le mariage du *jus gentium* laissait à la femme son domicile antérieur. En un
mot, le mariage du *jus gentium* imposait aux époux
plus de devoirs que le concubinat ; il était, par conséquent, plus digne et plus honoré.

Au point de vue des rapports pécuniaires, les conventions étaient libres. Il pouvait donc y avoir une dot,
pourvu qu'on eût eu recours, pour la constituer, aux
modes du *jus gentium*. L'action *rei uxoriæ* pouvait fonctionner dans ce cas ; on admettait également certaines
rétentions *propter mores, propter impensas*, et Cicéron,
dans ses Topiques (l. cit.), nous apprend que la reten-
tion *propter liberos* ne pouvait être opérée, *quia liberi
conditionem matris sequuntur.* D'où l'on peut conclure
qu'on pouvait l'exercer quand, en vertu de la loi Mensia, les enfants suivaient la condition du père. Les pouvoirs du mari sur le fonds dotal n'étaient pas restreints

par la loi Julia, *de fundo dotali*, lorsque les biens étaient situés dans les provinces.

L'action exercée par l'un des époux par l'autre donnait lieu au bénéfice de compétence.

EFFETS A L'ÉGARD DES ENFANTS. — Les enfants n'étaient pas soumis à la *patria potestas ;* seulement ils avaient une filiation certaine, et on appliquait à leur égard la règle *pater is est quem nuptiæ demonstrant* (Gaïus, I, 92). Le père avait incontestablement sur eux une certaine autorité, mais les attributions n'en sont pas définies par les textes ; il n'était sans doute pas tenu de les doter, mais avait l'obligation de les nourrir et de les élever ; à leur tour, ceux-ci lui devaient le respect et des aliments. Les enfants issus d'un mariage du *jus gentium* comptaient pour l'*excusatio tutelæ* (Frag. Vaticana, p. 194).

La cognation qui reliait entre eux les membres de la famille ne conférait pas de droits à la tutelle, mais nous aurons à nous demander si elle n'engendrait pas de droits à la succession.

DISSOLUTION. — Le mariage du droit des gens se dissolvait par la mort, la servitude, le divorce (Cicéron, l. cit.), et sa transformation en *justæ nuptiæ*, soit par la *causæ probatio* (mode spécial aux Latins Juniens), soit par l'*erroris causæ probatio*, soit enfin par la concession du droit de cité ; dans ce cas, il fallait, pour que la *patria potestas* fût acquise sur les enfants conçus antérieurement, en demander la faveur spéciale au prince, qui ne l'accordait qu'après une *causæ cognitio* (Gaïus, I, 94).

Il ressort de la loi 5, p. 1, *de bonis damnatorum*, l. 48, t. 20, qu'au cas où le mari subit une *media capitis deminutio*, le mariage n'est dissous qu'autant que la femme ne conserve pas l'*affectus maritalis ;* le père qui l'avait dotée pouvait alors exercer l'action en restitution de la dot.

Si nous supposons, au contraire, que c'était la femme qui était déportée, la dot restait entre les mains du mari ; cependant, après la dissolution du mariage, on l'autorisait à en demander la restitution *humanitatis intuitu*.

Constatons en dernier lieu que le mari déporté conservait jusqu'à sa mort le droit de révoquer la donation *mortis causà* faite à sa femme. ( L. 13, p. 1, D. *de donat. inter vir. et ux*, 24, 1.)

Certains auteurs pensent que les règles du mariage du *jus gentium* s'appliquaient aux mariages contractés entre pérégrins de différentes nationalités ; cette conjecture ne paraît s'appuyer sur aucun texte (1).

A côté de la famille, nous trouvons encore à Rome la *gentilitas*, dont le caractère n'a pu être défini d'une façon bien précise ; en ce qui nous concerne, il nous suffit de constater que la définition dannée par Cicéron la classe incontestablement dans le *jus civile*.

DE LA PROTECTION DES INCAPABLES. — 4° Les pérégrins ne sont pas aptes à la tutelle ni à la curatelle, soit activement, soit passivement ; ces deux institutions ont toujours été classées dans le *jus civile*, ainsi qu'en fait foi la définition de la tutelle que nous a laissée Justinien. (Instit. l. 1, 13, 1.) « *Tutela est vis ac potestas jure civili data ad permissa.* » Cependant, on peut croire que sous les empereurs le préteur pérégrin et les présidents de province donnèrent des tuteurs et des curateurs aux pérégrins ; c'est du moins ce que semble dire un paragraphe de Gaïus. (I. 198.) Dans tous les cas, il est certain que les lois pérégrines réglementaient la matière ; nous savons, en effet, par Gaïus que la tutelle testamentaire et la curatelle étaient généralement admises. (I. 189, 197.) Les Bithyniens avaient même une tutelle des femmes présentant certaines disposions analogues à celle des Romains. (I. 193.)

---

(1) Outre les *justæ nuptiæ* les Romains pratiquent entre eux le concubinat, union d'ordre inférieur, mais cependant reconnue et sanctionnée par la loi. Nous pensons que c'est une institution du *jus civile*, parce qu'elle a son origine dans les distinctions qu'établirent entre Patriciens et Plébéiens les idées de caste.

## SECTION II

### Droit du Patrimoine.

#### DROITS RÉELS

Le pérégrin peut-il être propriétaire? — En principe cela n'est pas douteux ; mais la question doit être décomposée : il faut se demander sur quelles choses peut porter la propriété pérégrine, par quels modes elle peut s'acquérir et se transmettre, enfin quels moyens de droit servent à la protéger.

Tout d'abord il est certain qu'il faut que la chose soit dans le commerce, qu'elle soit susceptible de propriété privée. Dans cette catégorie il faut faire rentrer les fonds provinciaux, bien que les textes nous indiquent qu'ils ne comportent pas un véritable *dominium*. L'*ager peregrinus*, le sol provincial, a toujours été considéré par les Romains comme dans une situation parfaitement distincte de celle de l'*Ager romanus* ou *italicus* (*Varron, de Lingua Latina*, V. 35). Alors que sur les fonds italiques, l'Etat a abdiqué tous ses droits, il s'est réservé au contraire sur le territoire des pays conquis un domaine éminent, qui se manifeste surtout par deux attributs : perception de l'impôt foncier, — droit de confiscation.

Aussi qualifie-t-on les fonds provinciaux de *possessiones* et dit-on de celui qui les détient (*proprietarius*) qu'il n'en a que la possession et la jouissance.

Entre eux les pérégrins pouvaient probablement acquérir et transmettre la propriété des fonds provinciaux et des meubles par les modes usités dans leur pays, bien que les textes ne mentionnent pas ce point.

Pour les choses qui n'appartenaient à personne, ils les acquéraient certainement par occupation. Pour celles déjà appropriées, ils avaient à leur service les

modes du droit des gens. (v. l. 23. de Adq. rer. domin
41, 1. Gaïus, II, 66).

Ainsi la tradition leur servait à ce point de vue de
mode de transmission soit entre eux soit avec les Romains. Lorsque le droit prétorien eut admis la *præscriptio longi temporis* et eut introduit une revendication
utile pour protéger le possesseur, ils purent également
arriver par ce moyen à la propriété. (1)

Ici se présente une question délicate : les Romains
distinguent les choses en *res mancipi et nec mancipi*
Sans insister sur le caractère de cette division qui semble remonter à l'ancien droit et avoir assujetti à des
formes spéciales pour la transmission les choses qui
paraissaient à cette époque les plus précieuses, il faut
nous demander si le pérégrin peut devenir propriétaire
d'une *res mancipi*. Primitivement il est très probable
que non ; les formes de l'aliénation paraissent avoir
été rigoureusement réglementées, précisément pour
empêcher les pérégrins d'acquérir ces biens, auxquels
les Romains attachaient une valeur particulière.

Cependant nous voyons qu'à l'époque classique la
tradition d'une *res mancipi* mobilière faite au profit du
pérégrin l'en rend propriétaire. (2) En fut-il de même des
immeubles? (Fr. Vat., p. 47, Ulpien, I, 16.) A cet égard,
nous n'avons pas de texte ; on comprend très bien
que les Romains aient tenu à se réserver, comme l'ont
fait d'ailleurs tous les peuples de l'antiquité, la propriété des immeubles italiques. La concession du *commercium,* n'aurait présenté d'ailleurs qu'un intérêt bien
médiocre, si la tradition avait pu opérer la transmission
de l'*ager romanus*. Certains auteurs, M. Accarias notamment, (t. Ier, 2e édit., p. 549) pensent que la *longi tem-*

(1) La mancipatio, l'in jure cessio, l'accessio, la lex, l'adjudicatio, sont incontestablement des modes du jus civile.

(2) On a tiré argument en sens contraire de ce que la loi Rubria nous indique que l'édit du préteur pérégrin contenait une stipulation relative à la
cautio damni infecti ; cette cautio ne peut en principe être exigée que du propriétaire de l'immeuble qui menace ruine, donc, dit-on, les pérégrins pouvaient être propriétaires de maisons à Rome. Il faut répondre que l'édit ne
concernait que les pérégrins investis du commercium.

*poris præscriptio* a pu permettre aux pérégrins de devenir par une possession de 10 à 20 ans propriétaires de
fonds italiques. Ils prétendent même que ce fut une des
causes pour lesquelles la *præscriptio longi temporis* fut
consacrée par l'édit. Un doute nous vient à cet égard :
la *præscriptio longi temporis* exige le juste titre et la
bonne foi, or comment le pérégrin serait-il de bonne foi
puisqu'il ne peut ignorer que la tradition ne constitue
pas un mode de transférer la propriété de l'immeuble
mancipé. Ce ne serait donc que quand fonctionna la
*præscriptio longi temporis* de 30 ans sans juste titre ni
bonne foi que le pérégrin aurait pu être protégé dans
notre hypothèse, mais à ce moment la constitution de
Caracalla était intervenue et la mancipation tombée en
désuétude.

Par quels moyens maintenant la propriété du pérégrin est-elle protégée ? Nous pourrions sur ce point
renvoyer simplement à notre dernier paragraphe relatif
à la procédure, si certains auteurs n'admettaient en
cette matière une dérogation aux principes généraux.
Lorsque le pérégrin a reçu tradition d'une chose *nec
mancipi* ou d'une *res mancipi* mobilière, il pourrait
dans un premier système exercer l'action qui sanctionne
la propriété du citoyen, le *dominium legitimum*, c'est-
à-dire intenter la *rei vindicatio*. Bien entendu il ne s'a-
git que de la *rei vindicatio per formulam petitoriam*,
et non de l'*actio sacramenti* ou de la *rei vindicatio per
sponsionem*. Nous verrons en effet que le pérégrin ne
peut jamais *lege agere* ni recourir à l'emploi de la formule de stipulation *spondes ne? Spondes*.

Pour justifier cette manière de voir on peut s'appuyer
sur le témoignage de Gaïus (II, 40). Il résulte de ce
texte que les pérégrins deviennent ou ne deviennent
pas complètement propriétaires ; il n'y a pas de moyen
terme. Or, si on les considère comme propriétaires,
qu'importe qu'ils le soient devenus par un mode d'acquérir du *jus gentium*. Ils doivent obtenir la même protection que les citoyens et ceux-ci peuvent intenter la
*rei vindicatio*, lors même que leur propriété a été ac-

quise par un mode non quiritaire. (Humbert, Acad. de Toulouse 1870, XXI, p. 21).

Nous ne pouvons accepter ce raisonnement. Il est de principe que les pérégrins ne peuvent pas intenter une action *in jus*, si cette action n'est pas modifiée par une fiction. Si, dans notre hypothèse, il y avait ici une exception, Gaïus ne manquerait pas de nous en avertir; tout au contraire, il semble présenter la *rei vindicatio per formulam petitoriam* ou *per sponsionem* comme n'étant qu'une dérivation de plus en plus simplifiée de l'*actio legis sacramenti*, laquelle était exclusivement du *jus civile* (IV, 91, 96.)

Dans une autre théorie, on soutient que la propriété pérégrine est toujours protégée par les moyens introduits par le préteur pour sanctionner la propriété qu'il a créée, l'*in bonis*. Ce qui ramène à cette formule : le domaine bonitaire est une propriété du droit des gens. (*De Wangerow-Pandectes*. 7° édit. t. I. p. 295.) Indiquons et réfutons brièvement les deux propositions sur lesquelles on l'a appuyée.

1° A l'époque dont parle Gaïus, où il n'y avait qu'une seule propriété, le *dominium ex jure Quiritium*, les *res mancipi* (par contraction de *mancipii*), auraient seules pu faire l'objet de la propriété romaine, sur toute autre chose on n'aurait eu qu'une jouissance de fait, et la théorie de l'*in bonis* serait née du besoin d'assurer une protection efficace au possesseur d'une *res nec mancipi*.

Cette manière de voir est contredite par les textes : on pouvait employer l'*in jure cessio* pour aliéner les *res nec mancipi* et ce mode particulier de transmission contient l'affirmation d'un *dominium ex jure Quiritium*, (V. Gaïus, II, 196, et Ulpien, XXIV, 7, 9.); elle n'est même pas conforme aux données de la raison. Comment croire, en effet, que les Romains n'aient été à l'origine propriétaires ni de leurs armes, ni de leurs troupeaux, ni des fruits de la terre? (V. Abord, *Th. de Doctorat*, Dijon, 1881.)

2° Quand on eut admis que les citoyens pouvaient être propriétaires des *res nec mancipi*, sous l'influence d'idées plus équitables, dans l'intérêt du développement des relations commerciales, on profita des procédés dus à l'initiative du préteur pour les mettre à la disposition des pérégrins. De là vint la qualification de propriété naturelle φυσικη δεσποτεα donnée à l'*in bonis* par Théophile dans sa *Paraphrase des Instituts*.

Nous ne pouvons accepter cette argumentation. Gaïus et Ulpien (I, 54. *Reg.*, I, 16,) ne nous disent-ils pas que c'est entre citoyens romains que fonctionne le domaine bonitaire et cette manière de voir est corroborée dans les termes les plus formels par le passage (II, 40,) où le premier de ces jurisconsultes affirme que la distinction du *nudum dominium* et de l'*in bonis* est inapplicable aux pérégrins. Remarquons enfin que les pérégrins ne peuvent pas *usucaper* et que cependant le caractère de la propriété bonitaire est de se transformer en propriété civile par l'usucapion, ce qu'accuse nettement la formule de l'action publicienne qui sanctionne l'*in bonis*.

Pour nous donc, le domaine bonitaire est une propriété nationale réservée aux citoyens et née du besoin de réagir dans les rapports de ceux-ci contre les conséquences injustes d'un formalisme trop rigoureux et en désaccord avec les exigences des besoins sociaux. (1).

En résumé, il faut retenir de cette discussion que les Romains, pour protéger la propriété pérégrine, quelle que fût son origine et sur quelque bien qu'elle portât, ont appliqué simplement les principes suivis par eux dans l'appropriation de leur système de procédure à la sauvegarde des droits pérégrins, principes que nous exposerons et développerons plus tard.

Le pérégrin peut-il posséder? Cela ne saurait faire difficulté; la possession relève du droit naturel, disent les textes, c'est un rapport de fait qui donne droit aux interdits, lorsque s'y ajoute l'*animus rem sibi habendi*. Or, le pérégrin, pouvant devenir propriétaire, peut certainement avoir cet *animus*. Nous ne faisons de réserve que pour le cas où il détiendrait un immeuble *mancipi*

---

(1) M. Bonneville à son cours. Demangeat, I., p. 460.

dont il ne peut acquérir la propriété. (Arg. de ce qui a lieu pour lefils de famille.)

En matière de servitudes, il est possible que les pérégrins aient pu les constituer *secundum leges moresque suæ civitatis*, mais les textes ne nous fournissent aucun renseignement sur ce point. En ce qui concerne leurs rapports avec les Romains, primitivement aucune servitude ne peut être constituée à leur profit, car la tradition ne pouvait servir à cet effet; on ne pouvait pas même réserver une servitude en faisant tradition d'un fonds (Fr. Vat. p. 47), et tous les modes de constitution : *mancipatio, in jure cessio,* legs *per vindicationem,* adjudicatio, appartenaient au *jus civile.*

Il fallait recourir aux pactes et stipulations qui ne donnaient pas naissance à un droit réel, mais établissaient une peine pour le cas où le constituant n'aurait pas laissé exercer la servitude.

Ce n'est que vers la fin de la République que s'élabora la théorie de la quasi-possession (v. l. 20. D. 8.1; — l. 17. 2. D. 8. 5. empruntée à Labéon et à Alfénus, contemporains d'Auguste). Elle ne fut définitivement constituée qu'à la fin du premier siècle de l'ère chrétienne. (V. le commentaire de Javolenus sur la première de ces décisions.) Dès lors les servitudes purent s'établir au profit des pérégrins par quasi-tradition. (*Usu et patientiâ,* l. 11. 1. D. 6. 2. — l. 1. 2. D. 8. 3.) Il n'y a pas à distinguer à ce point de vue entre les servitudes urbaines et les servitudes rurales. (V Machelard, Dist. adm. en ce qui concerne les servitudes préc. Paris, 1864, p. 34-44.) Enfin, si la servitude a été constituée *a non domino,* la *quasi longi temporis possessio* permettra aux pérégrins de l'acquérir. Les servitudes une fois constituées s'éteignent par les modes d'extinction reconnus par le droit romain; il n'y a de réserve à faire qu'en ce qui concerne les effets sur l'usufruit de la *capitis deminutio.*

Les droits réels prétoriens peuvent certainement aussi être établis au profit des pérégrins : l'emphytéose par tradition; la superficie par quasi-tradition et *quasi longi temporis præscriptio.* Quant à l'hypothèque, elle résulte d'un simple pacte. Remarquons que nous avons vu l'hypothèque fonctionner dans les rapports des citoyens et des pérégrins, avant même que le *pignus* eut été consacré par le droit prétorien ; on suivait alors forcément la *lex peregrina*.

OBLIGATIONS

Les pérégrins peuvent s'obliger par les modes et dans les formes qu'admet leur législation propre. C'est du moins ce qui nous semble résulter du passage de Gaïus (III. 134) où il est dit que les chirographa et les syngraphæ constituent le *genus obligationis proprium peregrinorum*. Il est vrai que nous ne savons pas quel était le véritable caractère de ces chirographa et syngraphæ, si c'était de simples modes de preuves, *cautiones*, ou s'ils donnaient naissance à une *obligatio litteris*, analogue à celle que connaissaient les Romains.

Plaçons-nous maintenant au point de vue du droit romain. Distinguons les contrats, quasi-contrats, délits et quasi-délits.

Presque tous les contrats sont du *jus gentium : ideo que*, pour employer la formule de Gaïus, *inter omnes homines sive peregrinos, sive romanos valent*. Pour les contrats consensuels, *l'emptio venditio*, la *locatio conductio*, la *societas*, le *mandatum*, cela est constaté notamment par la l. 15 de Interd. et releg. la l. 5 de Just. et jure, la l. 7. 1 de Pactis. Les contrats *re*, le *depositum*, le *commodatum*, le *pignus* et le *mutuum*, rentrent dans la même catégorie. (v. les mêmes textes, puis Gaïus III. 142 et Instit. I. 2. 2.)

Les contrats *verbis* sont au nombre de trois : la *stipulatio*, la *dictio dotis*, la *jurata promissio liberti*. Ces deux dernier modes sont du *jus civile*, à cause de leur nature spéciale. La stipulation eut peut-être le même caractère à l'origine, mais à l'époque de Gaïus, il n'y avait plus qu'une formule, la formule spondesne ? spondeo-réservée aux citoyens.

Il est même à remarquer que les témoignages ultérieurs ne mentionnent plus cette prohibition (Paul Sent. II. 3. 1. — Accarias, II, p. 942, note 1).

En ce qui concerne le contrat *litteris*, Gaius nous signale une controverse qui divisa les deux grandes écoles romaines (III. 130.) Les Sabiniens admettaient les pérégrins à s'obliger *litteris* au cas de *transcriptio a re in personam*, c'est-à-dire au cas de novation sans changement de débiteur, mais Nerva, l'un des premiers disciples de Proculus, décidait au contraire que ce mode d'obligation n'était pas accessible aux pérégrins, *quia quodammodo juris civilis est talis obligatio*. Nous ne savons pas quelle fut l'opinion qui triompha.

Les contrats innomés furent mis incontestablement à la portée des pérégrins (l. 7, p. 1 et 2. D. 2. 14 — l. 5, 25. D. 19, 7 — l. 15, pr. D. 48, 22 — l. 1. 1, D. 43, 26.)

Enfin tous les pactes conclus entre pérégrins ou entre romains et pérégrins, recevaient une sanction; on peut croire qu'ils donnaient dans ce cas naissance à une action, puisque Paul nous dit que c'est *inter cives romanos* que s'applique la règle : « *ex pactis nudis actio non oritur* (Sent. II. 14. 1.)

Les quasi-contrats obligent les pérégrins ou les rendent créanciers, par exemple la *negotiorum gestio*, la *communauté*, l'*indebiti solutio*. (V. 1. 15. pr. D. 12. 6.) La théorie des délits et des quasi-délits leur est applicable. (Gaïus. IV. 37.) Enfin les modes d'extinction des obligations leur sont accessibles, même l'*acceptilatio* (Ulp. 1. 8. 4 D. 46. 4.) bien que Pomponius la classe parmi les *actus legitimi*. (L. 77. D. 50. 17.)

Quand les pérégrins s'engageaient valablement par un genre de contrat, ils pouvaient en invoquer toutes les conséquences, par exemple les modalités qu'il comportait et les contrats accessoires qui s'y rattachaient. Ainsi les obligations des pérégrins pouvaient être cautionnées par des *adpromissores* suivant les distinctions à établir entre les différentes classes. Rappelons cependant qu'il y eut un moment où la loi *Furia* en Italie et la loi *Apuleia* dans les provinces édictaient des règles différentes au sujet du bénéfice de cession d'actions (Gaius. 3.

121-122) Lorsqu'un pérégrin contractait par un mode romain soit avec un citoyen, soit avec un autre pérégrin, y avait-il lieu de se préoccuper des dispositions de sa loi nationale ? La question peut se poser à propos d'un texte de Gaïus (3. 120). L'obligation du *fidepromissor* ne passait pas aux héritiers ; cependant il en est autrement, dit Gaïus, *si de peregrino fidepromissore quæramus et alio jure civitas ejus utatur.* M. Humbert (*Loco citato* p. 16-24) pense qu'il faut expliquer ainsi cette exception. L'intransmissibilité de la dette du *fide promissor* aurait son origine dans une décision de la loi *Furia* et cette loi n'aurait été appliquée qu'en Italie et aux seuls citoyens romains.

Ce n'est là qu'une conjecture ; nous croirions même plutôt avec M. Accarias que ce n'est pas par une disposition arbitraire de la loi *Furia,* mais par l'idée de mandat qu'il faut expliquer le caractère viager de la dette du *fide promissor,* comme celui du droit de l'*adstipulator.* Quoi qu'il en soit, nous ne saurions trouver là des éléments suffisants pour résoudre le problème que nous indiquions tout à l'heure. Le véritable principe nous paraît avoir été posé par Ulpien dans la l. 34 D. 50. 17 : « *Semper in stipulationibus et in cæteris contractibus id sequimur quod actum est, aut si non pareat quid actum est, erit consequens, ut id sequamur quod in regione, in qua actum est, frequentatur.* » (V. eg. l. 31. 20. De Edilit. edict. l. 5. de evict. l. 1 p. de Usuris (1).

### 3° **Donation, testament, succession** *ab intestat.*

1° Les pérégrins peuvent faire et recevoir une donation entre vifs, en tant qu'elle se réalise par un mode du *jus gentium* : tradition, délégation, etc. Et, s'il y a lieu, *inter se secundum leges moresque cujusque civitatis.*

Nous savons par le paragraphe 259 des *Fr. Vaticana* que

---

1. Pour les règles interprétatives de la volonté des parties, c'est donc en général la loi du lieu où le contrat a été conclu qu'il faut appliquer. — Seulement en ce qui concerne la capacité des personnes, c'est la loi nationale u'il faut toujours consulter.

la donation faite par un Romain à un Latin, tombait sous le coup de la loi Cincia.

2° La *factio testamenti est non privati sed publici juris*, dit Papinien (l. 3. D. 28. 1.), en ce sens, dit M. Accarias, qu'on ne peut tester ou être institué sans avoir le *commercium*, et que c'est le droit public qui détermine les personnes jouissant ou non de cette capacité.

Pourquoi cette règle? Parce que l'hérédité comprend les *sacra privata* et les droits de propriété. Or, les *sacra privata* des nations pérégrines ne furent jamais reconnus par les Romains, et primitivement la propriété romaine était inaccessible aux pérégrins. En conséquence les pérégrins ne peuvent faire un testament romain valable, pas même en recourant aux formes simplifiées par le préteur; ils ne peuvent pas davantage être institutués héritiers, recevoir un legs ou une donation *mortis causa*, de la part d'un citoyen romain, à moins que celui-ci ne soit un militaire (Ulpien, Règles, 22, 1-3, — Gaïus, I. 25. — II. 104. et 110). Ils ne sont pas non plus admis à figurer comme témoins dans un testament romain.

Nous savons qu'on chercha à éluder cette prohibition au moyen des fidéicommis (*fere hæc fuit origo fidei commissorum*, dit Gaïns, II, 285.) Un sénatus-consulte d'Adrien supprima cette ressource pour les pérégrins, sauf pour les Latins Juniens et attribua au fisc les fidéicommis faits par des citoyens en leur faveur. On trouva encore moyen de se soustraire à ces décisions rigoureuses en admettant que les pérégrins pourraient *capere mortis causa*, c'est-à-dire recueillir certains avantages à titre particulier, à l'occasion d'un décès, avantages qui ne rentraient ni dans la catégorie des legs, ni dans celle des fidéicommis, ni dans celle des donations à cause de mort (Maynz Cours, IVᵉ édit. 1877. III. 711.) Le jurisconsulte Javolenus (l. 55, D. 35. 1) justifie le principe et en indique une application pratique : « *Mœvius, cui fundus legatus est, si Callimacho cum quo testamenti factionem non habebat ducenta dedisset conditioni parere*

*debet, et ducenta dare, ut ad eum fundus legatus perti-
neat, quamvis nummos non faciat accipientis. Quid enim
interest, utrum tali personœ dare jubeatur, an aliquo
loco ponere, vel in mare dejicere ? Neque enim illud,
quod ad talem personam perventurum est testamenti nomine, sed mortis causa capitur.* »

Enfin il est certain que les pérégrins peuvent tester
*secundum leges suœ civitatis*, lorsqu'ils ont une *certa
civitas* (Ulpien Reg. 20. 14.)

3° L'hérédité légitime appartient au *jus civile*, parce
qu'elle contient, comme l'hérédité testamentaire, les
*sacra privata* et qu'elle est dévolue suivant des règles
arbitraires.

Il en est de même, suivant nous, de la *bonorum possessio*, bien que cela ait été contesté. On tire argument
d'abord de ce que les règles de la *bonorum possessio*
trouvaient place dans l'*edictum provinciale* (Cic., *In
Verrem*, II, 1, 46. Ad. Att. l. cit.) Mais il est à peu
près certain que cette partie de l'édit était spécialement
rédigée pour les citoyens romains. Les règles sur les
*hereditates mulierum* dépendaient certainement du droit
civil et Cicéron les mentionne à côté des *bonorum possessiones* dans l'édit : « *Quœro abs te, sicut modo in illo
capite Anniano de mulierum hereditatibus, nunc in hoc
de hereditatum possessionibus, cur ea capita in edictum
provinciale transferre nolueris ? Non enim hoc potest loco
dici multa esse in provinciis aliter edicenda. non de hereditatum quidem possessionibus, non de mulierum here-
ditalibus.* »

On a invoqué encore un passage de Quintilien qui
semble dire que la *bonorum possessio* est du *jus gentium*.
Il est facile de répondre que le mot *jus gentium* a, dans
ce texte, le sens de droit naturel.

Ce qui nous détermine, ce n'est pas la décision d'Afri-
cain refusant la *bonorum possessio* aux déportés (L., 13,
D., 37, 1,) c'est le caractère de propriété nationale que
nous avons reconnu à l'*in bonis* et que nous croyons
avoir suffisamment démontré pour n'avoir pas à y revenir de nouveau.

Nous considérons donc qu'un pérégrin ne peut pas succéder *ab intestat* à un citoyen romain (1).

Entre eux, au contraire, les pérégrins peuvent laisser et recueillir une succession *ab intestat secundum leges cujusque civitatis*. Le fait est certain dans les provinces. Cicéron nous montre Epicrate succédant *more Bidinorum* (In. Verr., II, 2, 22,.) Les lettres de Pline nous indiquent des règles locales spéciales aux successions vacantes. Nous savons également que certaines cités admettaient les citoyens romains à succéder à leurs nationaux ; ainsi L. Manlius Soses, *civis romanus*, hérite de son frère, provincial de Catinum, en Sicile. (*Ad famil.*, 13, 30).

Enfin il est très probable que, quand le pérégrin venait à Rome, le préteur déférait sa succession selon les règles de son droit propre.

## SECTION III

### OLGANISATION JUDICIAIRE ET PROCÉDURE

A Rome, d'après certains auteurs, les féciaux furent chargés primitivement de la *jurisdictio inter cives et peregrinos*. On leur confia d'abord le soin de décider si les réclamations des citoyens étaient fondées et d'obtenir au nom du peuple romain les réparations nécessaires ; puis quand les traités eurent organisé des tribunaux internationaux pour connaître des différends qui pouvaient s'élever entre les membres des états fédérés, ils présidèrent ces tribunaux et ce fut devant eux que dut s'accomplir la partie de la procédure correspondant à l'*in jure*.

La définition de la récupération nous est donnée par Festus (de verb. signifie : *verbo recuperatio*) « *recupe-*

(1) M. Bonneville à son cours. De Bœck, p. 173, 154. Comp. Accarias, II, p. 76, note 8.

*ratio est cum inter populum romanum et reges nationes que et civitates peregrinas lex convenit, quomodo per recuperatores reddantur res, recuperentur, resque privatas inter se persequantur »* et l'intervention des féciaux est attestée par Denys d'Halicarnasse (II. 131) *« quarum rerum litium causarum condixit pater patratus populi romani quiritium patri patrato priscorum latinorum hominibusque priscis Latinis, quas res dari, fieri, solvi opportuit, quas res nec dederunt, nec fecerunt, nec solverunt, dic quid cences. »*

Cette opinion ne repose pas sur des témoignages assez précis pour qu'on puisse la considérer comme absolument certaine.

Ce n'est qu'au commencement du VI^e siècle de Rome que nous connaissons exactement l'organisation judiciaire au point de vue des pérégrins. A ce moment la *recuperatio* disparait des traités conclus par Rome et Pomponius nous apprend (l. 2 p. 28. D. *de origine juris*) que le préteur pérégrin fut créé pour soulager le préteur urbain et juger les procès *inter cices et peregrinos.* Nous avons déjà dit que c'était en 511 qu'il fallait placer l'institution de ce nouveau magistrat.

Sa compétence fut générale, mais non exclusive, il connaissait de tous les procès des pérégrins résidant à Rome, y ayant contracté ou ayant choisi cette ville comme lieu d'exécution d'une convention. Mais faut-il admettre avec M. de Bœck (l. cit. p. 79) que tout pérégrin possède à Rome un *forum originis commun (Roma communis nostra patria est,* l. 33. D. 50. 1) qui le rend justiciable du préteur pérégrin, dès qu'il se rencontre avec son adversaire dans cette ville, sauf peut être le droit de *revocatio domi?* C'est un point sur lequel les textes ne nous fournissent pas de renseignements et il nous semble prudent de ne pas nous prononcer.

En Italie la juridiction dans les préfectures appartient aux *præfecti* envoyés par Rome; dans les *municipes* et les colonies à des magistrats élus par leurs concitoyens et généralement appelés *duumviri* ou *quatuorviri juri dicundo;* dans les provinces, ce sont les gouverneurs qui l'exercent.

En matière contentieuse, le magistrat romain rendait la justice assis sur sa chaise curule; suivant l'importance des affaires, il décidait *de plano* (le *locus planus* est tout endroit où le magistrat siège sur sa chaise curule, hormis le tribunal.) (L. 9. 3. D. de off. procons. I. 16 — l. 6 de Accus. XLVIII. 2) ou bien il siégeait sur son tribunal, *pro tribunali*, entouré le plus souvent d'un conseil.

Le tribunal (appelé souvent *locus superior*) était un terre-plein élevé au-dessus du sol; dans les camps un tertre recouvert de gazon auquel les monnaies donnent une forme carrée; dans les villes, selon Vitruve, il avait la forme d'un hémicycle et se trouvait généralement dans les basiliques. (Vitr. 5. 1.) Le tribunal était assez vaste pour permettre aux amis du magistrat qui lui formaient cortège ou aux jurisconsultes qui composaient son conseil, de venir y prendre place. Devant le magistrat, on plantait une lance, en matière civile; nous savons que la lance à Rome était le symbole de la propriété. Au pied du tribunal se trouvaient les scribes ou greffiers, ayant des fonctions analogues aux nôtres, plus loin les *Accensi* qui ressemblent à nos huissiers audienciers, enfin les licteurs avec les faisceaux et les haches.

Tout ce cortège voyageait avec le gouverneur et nous savons que celui-ci avait l'habitude de tenir régulièrement des assises (*conventus*) dans des cités désignées à l'avance, ordinairement toujours les mêmes où il jugeait les affaires contentieuses. Quelquefois le magistrat, au lieu de présider lui-même les *conventus* se faisait remplacer par un délégué. Ainsi Cicéron nous apprend que Chypre annexée à la province de Cilicie, recevait un officier qui avait les pouvoirs nécessaires pour rendre la justice, les habitants ayant le droit de ne pas sortir de l'île pour porter leurs affaires devant le proconsul (Cic. Ad. Atticum 5. 21. 6.)

Le magistrat en vertu de sa *jurisdictio* rendait des décrets ou donnait des juges. Il y avait décret, lorsque, statuant lui-même, il envoyait en possession, donnait un interdit ou adjugeait des biens. Lorsque les parties s'en remettaient expressément à sa décision, c'était encore un décret qui venait résoudre le litige. Enfin c'était par un décret que le magistrat refusait péremptoirement toute action. (Cic. Ad, Att. 21. VI. 1.)

Le plus souvent son rôle se bornait à terminer cette phase de la procédure qu'on appelait *in jure*, et à donner solennellement un juge aux parties (*Institutio judicis*. Cic. In Verr. II. 12. — Gaïus IV. 34-36.)

DES JUGES. — A l'origine dans les procès entre pérégrins et citoyens, les juges furent pris partie parmi les Romains, partie parmi les pérégrins de la nation de celui qui était en cause. Un tiers-arbitre leur était probablement adjoint, dans des conditions et d'après des règles que nous ne connaissons pas (V. Keller, p. 31.) Tout ce qu'on sait, c'est qu'ils étaient ordinairement au nombre de trois ou de cinq.

Plus tard, sans qu'on puisse en préciser l'époque, peut-être au VI⁰ siècle, puisque c'est à ce moment que la *recuperatio* disparaît, l'institution des *recuperatores* passa du droit international dans le droit privé.

Les affaires des citoyens entre eux purent être portées dans certains cas devant des récupérateurs, de même que les procès des pérégrins purent donner lieu à l'institution d'un *judex* ou d'un *arbitrer* (Gaïus, IV, 105.)

Lorsque les parties étaient d'accord, elles pouvaient choisir toute personne capable. A défaut, les juges devaient être choisis dans une liste dressée par le magistrat et appelée *album selectorum judicum*.

A Rome primitivement, cette liste ne se composait que des membres du Sénat (Polybe, 5, 17, et Plaute Rud., III, 7.) Plus tard, sans qu'on puisse indiquer la date, les sénateurs partagèrent ce privilège avec les chevaliers. Sous Auguste, il y avait trois décuries de juges, il en ajouta une quatrième prise parmi les personnes ayant un cens de deux cent mille sesterces (Suet., Oct., 32,

Pline, H. N., 33, 17,) pour les affaires de moindre importance. Caligula en ajouta une cinquième sur la composition de laquelle nous n'avons pas de renseignements (Suet., Calig., 16.)

C'était le préteur qui dressait les listes, et ceux qui y figuraient prenaient le nom de *Selecti judices* (Aulu-Gelle, 14, 2.) Le demandeur proposait un de ces *selecti judices*, le défendeur pouvait le refuser péremptoirement en déclarant sous serment qu'il n'avait pas de justice à attendre (*Ejurare judicem.*) Lorsque l'exercice de ce droit était poussé jusqu'à la chicane, le préteur pouvait traiter le défendeur comme s'il refusait de répondre à l'*in jus vocatio*. Ce n'est qu'à la fin de la procédure formulaire que le magistrat proposa le juge et put, dans une certaine mesure, imposer son choix, les parties n'ayant qu'un droit de récusation limité et pour causes déterminées.

Dans les provinces, l'élection se faisait suivant un autre mode ; le gouverneur dressait des listes (*decurias scribebat*) sur lesquelles il inscrivait ordinairement les noms des personnes choisies parmi celles qui assistaient au conventus ou parmi les citoyens romains domiciliés dans la province. Sur ces listes chacune des parties pouvait exercer un nombre égal de récusations au moyen desquelles le chiffre primitif se trouvait réduit à celui des juges à donner ou tout au moins ramené à un chiffre restreint sur lequel le choix appartenait au magistrat (Keller p. 38 qui cite Cic. In Verrem III. 11, 13, 59 et suiv.)

Il arrivait souvent d'ailleurs comme nous l'avons vu pour la Sicile que la *lex provinciæ* déterminait les principes d'après lesquels les juges seraient choisis ; d'autres fois, comme le fit Cicéron en Cilicie l'édit permettait aux provinciaux de les élire *secundum suas leges* parmi leurs concitoyens.

On s'est demandé si l'on n'employait pas à Rome lorsqu'il s'agissait de nommer les récupérateurs un procédé analogue à celui qui était en usage dans les provinces. Dans un cas particulier, la loi agraire connue sous le nom de *lex Thoria* prescrivait d'indiquer aux parties onze noms pris parmi cinquacte citoyens de la première classe, chacune d'elles pouvant exercer quatre récusations — *Ex civibus L quei classis primæ sient XI dato, inde alternos duntaxal quaternos is qui petet et is unde petetur rejiciant facito* (Restit. de Mommsen.) C'était là sans doute l'application d'une règle générale ; cependant sur l'autorité de textes fort vagues, comme le remarque M. Accarias (Pline, Epitres 3. 20. T. L. 26, 48. Cicéron, Div. in Cec. 17) plusieurs auteurs soutiennent encore que les *recuperatores* pouvaient être pris en dehors des listes officielles. — Disons pour terminer que dans les municipes et les colonies les juges devaient être en général choisis parmi les decurions (Aurelli. Ins· cript. 2489 — Paul. V. 28 — 1. 38 p. 10 D. 48. 19.)

DE LA FORME DE LA PROCÉDURE. — Il paraît à peu près certain que les actions de la loi ne purent à l'origine être exercées ni par ni contre les pérégrins (Gaius IV. 37) ; cette procédure si rigoureuse dans son formalisme avait un caractère national trop marqué pour qu'il pût en être autrement. Cependant plusieurs auteurs enseignent (Accarias t. 2. p. 811, not. 3) qu'on admit plus tard des tempéraments à ce principe ; ils invoquent principalement le paragraphe 31 du commentaire IV de Gaius qui atteste d'une manière formelle qu'on peut *lege agere* devant le préteur pérégrin. Nous avons déjà dit combien ce texte nous paraissait peu concluant ; chacun l'interprète à sa guise : les uns y trouvent la preuve d'une exception apportée à la règle qui exclut les pérégrins des *legis actiones;* les autres y voient la possibilité de la représentation en justice du pérégrin par l'*hospes* ou le *patronus*, alors que, comme nous le remarquions précédemment, Gaius ne vise probablement que les Latins ou les pérégrins investis du *commercium.*

Ceci posé, il est nécessaire de rechercher par quels moyens de procédure furent protégés les droits des pérégrins pendant le système des actions de la loi. On

peut supposer avec plusieurs auteurs allemands (not.
Voigt. op. cit. II. 78, p. 621-625) que les magistrats
romains trouvèrent dans les interdits le moyen de remédier aux inconvénients qu'amenait l'impossibilité
d'appliquer aux pérégrins la procédure ordinaire.

Pour d'autres jurisconsultes (not. M. Ortolan) il fallut
inventer une procédure spéciale organisant l'instance
en dehors des cas prévus par les lois, et, en vertu de son
propre *imperium*, le magistrat dut indiquer aux juges
les principes destinés à lui servir de guide; d'où la nécessité d'une formule posant la question et indiquant les
faits qui, vérifiés ou non, devaient amener l'absolution
ou la condamnation du défendeur. Ces formules appliquées exclusivement au début dans les procès entre péré-
gris ou entre pérégrnins et citoyens ne tardèrent pas à
devenir la procédure de droit commun dans les rapports
des citoyens entre eux. La loi Æbutia commença cette
réforme au début ou au milieu du vi° siècle et les lois
*Juliæ Judiciariæ* vinrent la compléter.

Nous croirions plus volontiers qu'il ne faut pas attribuer aux préteurs pérégrins tout l'honneur de cette innovation. Il existait déjà avant la loi Æbutia des actions
honoraires (Not. les actions Edilitiennes en matière de
vente. Plaute Cap,., 4, 2, 44. Most, 3, 2, 112.); ces actions
ne pouvaient être organisées suivant le mode des *legis
actiones*, puisqu'il n'y avait pas de lois sur les termes
desquelles on pût adopter des formes solennelles. Ensuite, il est très probable que la formule, comme l'indique Keller (p. 78), existait déjà en germe dans la *condictio e lege Calpurniâ*, puisqu'il n'y avait dans cette
action aucune *sponsio* pour établir le passage du *jus*
au *judicium*, et que Gaïus atteste (4, 33) qu'aucune formule ne fut composée *ad condictionis fictionem*, ce qui
prouve bien, selon nous, que sur ce point la procédure
ancienne et la procédure nouvelle se ressemblaient déjà
singulièrement. La loi Æbutia ne fit donc que débar-
rasser la procédure *in jure* des formes symboliques
qu'on y avait accumulées et dont Cicéron se moque
agréablement, généraliser l'emploi des formules et don-

ner un rôle plus important à l'initiative du magistrat.

Quoi qu'il en soit, le principe du système formulaire une fois accepté, le magistrat romain s'en servit et l'appropria à l'usage des pérégrins.

Gaius atteste que, pour les actions données en vue de la répression des délits et quasi-délits, on eut recours au procédé de l'action fictice ; on suppose que le pérégrin est citoyen et on délivre l'action pour ou contre lui, comme s'il avait réellement cette qualité.

Voici la formule de l'action *furti fictitia :*

*Si paret ope consiliove Dionis Aulo* (ou à l'inverse *Numerii Dione) furtum factum esse pateræ aureæ quam ob rem eum, si civis romanus esset, pro fure damnum decidere oporteret, etc.*

Un autre procédé est encore employé ; on donne au pérégrin une action *in factum*; c'est une question de fait et non de droit que le juge a mission de trancher.

Donnons pour exemple la formule de l'action *de vi hominibus armatis coactisve* (Keller, p. 137) :

*Licinius, Sempronius, Titinius recuperatores sunto Quantæ pecuniæ dolo malo familiæ Numerii vi hominibus armatis coactisve damnum datum esse Aulo, duntaxat hs. tot millium, tantæ pecuniæ quadruplum recuperatores Numerium Anlo condemnate, si non paret absolvite.*

Deux questions restent douteuses :

1° Le magistrat donna-t-il l'action fictice aux pérégrins dans d'autres cas que ceux qui nous sont signalés dar les textes?

2° Quel est le plus ancien mode de procéder?

Différentes conjectures ont été proposées sur ce point, mais il est plus prudent de constater simplement l'absence complète de renseignements.

Lorsqu'un pérégrin figure dans l'instance, le *judicium* n'est jamais *legitimum*, mais *imperio continens*. On veut dire par là que l'instance n'est pas organisée par la loi elle-même, mais dépend de l'*imperium* du magistrat. Il en était de même dans les provinces *inter cives*. En conséquence le *judicium* ne restait valable que pendant le temps de la durée des fonctions du magistrat; et la *consumptio* du droit qui était déduit, ne s'opérait qu'*auxilio prœtoris, exceptionis ope.*

VOIES DE RECOURS. — A Rome les citoyens pouvaient, outre la *restitutio in integrum*, recourir à l'*appellatio collegarum paris majorisve potestatis* et à l'*intercessio tribunorum plebis*, pour échapper aux conséquences d'un acte injuste du magistrat ou d'un abus de pouvoir; les pérégrins n'avaient pas cette dernière ressource. Dans les provinces, le gouverneur était tout-puissant « *injustus prœtor*, dit Cicéron, en parlant de Verrès, *cui nemo intercedere possit.* » Le système formulaire lui fournissait un instrument bien commode pour l'exercice de ses malversations, il n'avait qu'à rédiger la formule d'une manière toute spéciale et le juge était obligé de statuer suivant le bon plaisir de celui qui l'avait institué.

VOIES D'EXÉCUTION. — Après la loi *Pœtelia* qui supprima en fait le *nexum*, les lois romaines laissèrent subsister l'*addictio* voie d'exécution contre la personne qui autorisait à détenir celui qui en était l'objet jusqu'à ce que par son travail il eût acquitté sa dette, mais qui n'entraînait d'ailleurs aucune *capitis deminutio*. Plus tard le préteur organisa une voie d'exécution générale sur les biens par la *missio in bona* et la *venditio bonorum*, c'est-à-dire par la saisie et la vente de tout le patrimoine.

Nous ne savons pas d'une manière précise dans quels cas il y avait possibilité d'employer l'un ou l'autre mode et si le créancier était libre ou non de choisir entre eux. Cependant il est fort probable que les deux voies d'exécution furent appliquées aux pérégrins, *mutatis mutandis.*

ÉPOQUE IMPÉRIALE. — Sous l'Empire, des modifications importantes se produisirent à un double point de vue, d'abord la procédure de la *cognitio extraordinaria* se généralisa, supprimant l'*ordo judiciorum* et la distinction du magistrat et du juge; ensuite l'institution de l'appel fut organisée d'une manière complète, aussi bien à Rome que dans les provinces.

———————

## RÉSUMÉ

L'exposé détaillé auquel nous venons de nous livrer, nous permet de constater que c'est surtout en ce qui concerne l'état et la capacité des personnes et les droits de succession que la législation pérégrine conserva le plus d'importance et fut plus spécialement appliquée. Le régime de la propriété ayant été modifié par la conquête, on vit s'établir presque partout une organisation à peu près uniforme, et ce n'est guère qu'en matière de servitudes que nous retrouvons la trace de l'existence de coutumes locales. Le droit des obligations était réglé d'une manière si supérieure par la législation romaine qu'il fut généralement accepté ; l'usage des *chirographa* et des *syngraphæ* est le seul dont la survie soit bien constatée par les textes. Quant à l'organisation judiciaire et à la procédure, Rome imposa aux pérégrins les principes que consacrait son droit propre en les modifiant et les adaptant à cette nouvelle situation.

Dans leurs rapports avec les Romains, l'infériorité des pérégrins en matière de droit privé s'accuse principalement à deux points de vue :

1° Ils ne peuvent contracter de *justæ nuptiæ*, ni faire partie d'une famille agnatique, ni prétendre à l'exercice des droits de puissance autres que la puissance dominicale. C'est ce qu'on exprime en disant qu'ils n'ont pas le *connubium*.

2° Les pérégrins ne peuvent devenir propriétaires des fonds italiques, ni participer aux modes de transmission de la propriété reconnus par le droit civil ; ils ne peuvent ni laisser ni recevoir une succession romaine ; c'est ce qu'on entend en disant qu'ils n'ont pas le *commercium*.

Il importe de remarquer que cette infériorité a perdu peu à peu la plupart de ses éléments caractéristiques. L'institution du mariage du *jus gentium* fit produire à leur union avec les romains des effets importants, obligea la femme à la fidélité, donna une filiation certaine aux enfants et assura entre les membres de la famille l'accomplissement de tous les devoirs vraiment naturels. La privation des droits de succession réciproque était rendue moins sensible par la possibilité des donations entre-vifs, l'usage des fidéicommis, et, quand ils furent supprimés, par le développement de la théorie de la *mortis causâ capio*.

Quant à la condition des fonds provinciaux, elle se rapprocha sensiblement de celle des fonds italiques le jour où les nécessités financières obligèrent les empereurs de faire contribuer au paiement de l'impôt l'ager italicus. La mancipation tomba en désuétude et les modes d'acquérir du *jus civile* reçurent une application de moins en moins étendue.

On comprend donc que les pérégrins dont la situation était suffisamment protégée et garantie, soit dans leurs rapports entre eux, soit dans leurs relations avec les Romains, n'aient eu qu'un assez médiocre intérêt à obtenir la concession du droit de cité ; ce qui explique le peu d'attention qu'on attacha à la constitution de Caracalla.

## CHAPITRE V

### Des Pérégrins privilégiés

Dans la première période de sa formation, Rome parait avoir accordé le droit de cité à tous les peuples qu'elle s'incorpora.

Rappelons les anciennes légendes sur l'asile ouvert par Romulus sur le Palatin, l'accueil fait à la famille étrusque des Tarquins ; d'autre part, les conditions de la translation à Rome des habitants d'Albe et de Véies, Cicéron caractérise d'ailleurs, d'une manière très précise, cette politique d'assimilation (*pro Balbo*, 13) : « *Illud sine ulla dubitatione maxime nostrum fundavit imperium et populi Romani nomen auxit, quod princeps ille, creator hupus Urbis, Romulus, fœdere Sabino docuit, etiam hostibus recipiendis augeri hanc civilatem oportere Cujus auctoritate et exemplo nunquam est intermissa a majoribus nostris largitio et communicatio civitatis Itaque et in Latio multi et Tusculani et Lanuvisi et ex ceteris generibus gentes universæ in civitatem sunt receptæ : ut Sabinorum, Volscorum, Hernicorum.* » Dion Cassius fait la même remarque et Tite-Live rapporte également qu'Ancus Martius (*ascivit in civitatem*), fit entrer dans la Cité deux peuplades latines tout entières (T. L., I, 33.)

Cette pratique diffère beaucoup de celle que nous avons vu suivre chez les autres peuples ; aussi a-t-elle attiré l'attention des historiens.

Guizot (*Premier essai sur l'Hist. de France*), explique cette anomalie par la situation où se trouvaient la plupart des populations auxquelles Rome fit d'abord la guerre. « Elles étaient, dit-il, réunies dans des villes et non dispersées dans les campagnes ; elles formaient des corps de cité cultivant et gouvernant un territoire d'une certaine étendue. Les cités étaient en grand nombre et indépendantes ; on détruit ou on asservit assez aisément une nation disséminée dans les terres qu'elle exploite, cela est plus difficile et moins profitable quand cette nation s'est renfermée dans des murailles et a déjà la consistance d'un petit état. D'ailleurs, les peuples asservis ou exterminés dans l'antiquité l'ont été presque toujours par des conquérants qui cherchaient une patrie et s'établissaient sur le sol conquis. Après la guerre, les Romains rentraient dans Rome ; l'asservissement et l'extermination ne se font ni tout d'un coup, ni de loin. Il faut que les vainqueurs, toujours présents au milieu des vaincus, aient sans cesse à leur disputer la richesse, la liberté et la terre. Cependant les Romains n'osèrent pas laisser dans les villes vaincues leurs anciens habitants ; amenés à Rome, ils se mêlaient aux citoyens et leur ancienne ville était occupée soit par des soldats, soit par une colonie. »

Cette explication ne nous paraît pas satisfaisante ; sans doute, la guerre ne peut avoir le même caractère entre des peuples nomades et des peuples groupés en corps de cité ; mais il ne s'ensuit pas que le peuple vainqueur doive s'assimiler les peuples vaincus.

L'Italie n'est pas, en effet, le seul pays où l'on rencontre un grand nombre de villes indépendantes et cependant jamais dans l'antiquité nous ne trouvons l'analogie de la politique romaine. Nous comprenons encore moins comment la fusion put se faire sans difficulté, sans efforts ; car si, dans l'intérieur de la cité romaine, nous assistons à des luttes périodiques et violentes, elles ont toujours pour but de conquérir l'égalité civile ou politique, jamais de recouvrer l'indépendance nationale.

M. Fustel de Coulanges dans son ouvrage sur la *Cité Antique*, indique d'autres motifs. D'après lui, si les peuples anciens se montraient si durs les uns à l'égard des autres, cela tient à ce que la cité comme la famille reposait sur les fondements d'une religion éminemment exclusive. Comme il n'y avait aucune relation possible entre deux cités voisines, la cité victorieuse ne pouvait

6

que détruire ses ennemis vaincus ou se les attacher
comme esclaves, ce qui était le seul moyen de les recevoir dans la cité sans irriter les dieux, — l'esclave étant
initié au culte domestique par une cérémonie que mentionnent Démosthènes et Aristophane.

Rome se trouvait dans des conditions bien différentes
à raison des nombreux éléments qui étaient entrés dans
sa composition. Sa population était étrangement mêlée.
La critique moderne, qui s'est livrée à des travaux con-
sidérables sur ce point, y a trouvé la trace de la coexis-
tence de plusieurs nationalités. « L'effet de ce mélange,
dit M. Fustel de Coulanges, est que Rome avait des liens
d'origine avec tous les peuples qu'elle connaissait ; elle
pouvait se dire Sabine avec les Sabins, Latine avec les
Latins, Etrusque avec les Etrusques, Grecque avec les
Grecs. Son culte la rattachait aussi à tous ces peuples
divers et, dans un temps où nul n'avait le droit d'assister aux fêtes religieuses d'une nation s'il n'appartenait
à cette nation par la naissance ou l'adoption, le Romain
avait cet avantage incomparable de pouvoir prendre
part aux féries latines, aux fêtes Sabines, étrusques et
aux jeux olympiques. » (V. également Houdoy qui cite
Pausanias. V. 23, 24, et T.-L., XXIX, 11 et XXXVII, 37.)

Il est remarquable, en effet, que Rome s'attacha à conquérir les divinités comme les villes. Son Olympe fut
peuplé de dieux étrangers ; elle leur éleva des temples
et leur dressa des autels.

Cette manière de voir est également celle de Giraud :
« On ne saurait douter, dit-il, de l'identité primitive de
la race romaine et de la race latine ; il n'y avait, par conséquent entre elles aucune antipathie de culte religieux
ou de pratiques juridiques ; la *patria potestas*, la *manus*,
le *mancipium*, étaient des institutions communes ; aussi
Tite-Live a-t-il pu dire que la lutte entre les Romains
et les Latins était presque une guerre civile (T.-L.,
VIII, 8.) (V. Girand, sur la *Table de Salpenza*.)

Ces raisons sont certainement excellentes ; pourtant
nous pensons qu'il ne faut pas attribuer au lien religieux
une importance exclusive.

Le passage de Cicéron que nous avons cité plus haut nous montre qu'il y a eu là surtout une mesure de circonstance, inspirée par les nécessités de la situation. Jetée par la volonté de son fondateur au milieu d'agglomérations puissantes, implantée violemment au sein de la confédération latine, Rome, si elle s'était isolée, aurait rapidement épuisé ses premières ressources. Pour assurer sa conservation présente et son développement futur, elle dut se recruter une nombreuse population, et le meilleur moyen était évidemment de s'attacher des peuples dont la religion et les constitutions différaient fort peu des siennes. Aussi la politique romaine changea-t-elle complètement le jour où elle se crut assise sur des bases suffisamment solides. A dater de cette époque, Rome se cantonna dans un patriotisme égoïste ; elle veilla avec un soin jaloux sur les droits du citoyen et ne les accorda plus qu'avec une certaine parcimonie. De même que les patriciens dans leur lutte avec la plèbe aimaient mieux démembrer le consulat que de cesser d'en faire un privilège de leur caste, de même les Romains dans leurs rapports avec les autres peuples, démembraient le droit de cité, plutôt que de communiquer à d'autres cette noble prérogative.

Les pérégrins qui obtinrent des concessions partielles du *jus civitatis* furent les *Latini veteres*, les *Latini Coloniarii* et les *Latini juniani*.

Indiquons rapidement les avantages faits à chacun d'eux :

1º LATINI VETERES. — La condition des *Latini veteres* a passé par deux phrases bien distinctes, suivant qu'ils ont été les alliés ou les sujets de Rome.

Tant que Rome ne fit que remplacer Albe à la tête de la Confédération Latine, les Latins eurent des droits consacrés par des traités dont l'un des plus importants, celui conclu après la bataille du lac Régille, est parvenu jusqu'à nous. « Ils ne se feront point la guerre les uns aux autres, mais se défendront réciproquement contre les ennemis des uns et des autres, et quand ils feront la guerre en commun, ils partageront à portions égales le butin et les dépouilles. Les procès qui surviendront de part et d'autre pour des contrats entre particuliers seront vidés dans les dix jours dans les lieux où le contrat aura été formé. » (V. Denys d'Halicarnasse, VI, 95.) Nous savons, par le même auteur, qu'il y avait une assemblée générale statuant sur les affaires d'intérêt commun (par exemple, sur la distribution des terres conquises), où les Latins avaient le *jus suffragii*. Il y avait également des fêtes religieuses, des *sacra publica* communs, les *sacra Dianæ* et les *Feriæ Latinæ* (T.-L., I, 45. Denys, IV, 49.) Enfin, le commandement de l'armée confédérée alternait chaque année entre les Latins et Rome ; ils avaient donc le *jus honorum* dans la confédération.

Lorsque les Latins venaient à Rome, ils n'avaient ni le *jus honorum*, ni le *jus suffragii*, ni le *jus provocationis*. Mais, dans la sphère des droits privés, ils avaient le *jus commercii connubiique*. Cette manière de voir a été combattue par Wangerow (Uber *die Latini Juniani* p. 18, 21.) Il s'appuie sur le paragraphe 79 du Commentaire 1er de Gaius. La loi Mensia s'applique, dit ce texte, aux latins qui *proprios populos propriasque civitates habebant et erant peregrinorum numero*, Il s'agit bien évidemment dans ce passage des *Latini veteres*, car c'est d'eux seulement qu'on peut dire par opposition aux Latins de l'époque classique qu'ils avaient une indépendance nationale. Et Gaïus constate qu'ils sont classés parmi les pérégrins, c'est-à-dire assimilés à eux quant à leur condition (nous verrons que les pérégrins n'avaient ni le *connubium* ni le *commercium*), et que la loi Mensia leur était applicable. Or, s'ils avaient eu le *connubium*, le mariage d'un Latin et d'une Romaine aurait donné naissance à un enfant latin et il n'était pas besoin de recourir à la loi Mensia pour arriver à ce résultat. Nous ne pouvons accepter ce système qui ne reconnaît aux Latins d'autre avantage que celui d'arriver plus facilement au droit de cité. Il y a des faits bien constatés et des témoignages certains qui nous permettent de le repousser victorieusement. D'une manière générale, écoutons Strabon : « *Tam arctam fuisse inter eos populos necessitudinem ut quum proprium uterque regem haberent, connubia tamen, et sacra, et cœtera jura civilia communia haberent.* » (V. 3, p. 4.)

Relativement au *commercium*, nous avons le texte du traité précité, qui reconnaît à chacun des peuples le droit d'ester en justice et de contracter avec l'autre. Ce sont là assurément des conséquences du *commercium*. (V. Denys, VI, 95. VIII, 18.).

Relativement au *connubium*, nous avons encore la légende des Horaces et des Curiaces. La sœur d'Horace était fiancée à un Curiace. Tite-Live (I, 49.) rapporte, en parlant de Tarquin le Superbe : « *Octavo Mamilio Tusculano (is longe princeps nominis Latini erat) filiam nuptum dat perque eas nuptias multos cognatos amicosque ejus conciliat.* » Cicéron trouve injuste que la loi des Douze-Tables ait privé les plébéiens du *connubium*, quand des étrangers en jouissaient. Ces étrangers ne peuvent être que les *Latini veteres*.

Quant au passage de Gaïus, il peut parfaitement s'expliquer. Ce juriconsulte n'a pas dit, en effet, que les *Latini veteres* étaient assimilés à des pérégrins, mais simplement qu'on les avait compris sous cette dénomination, et cela s'explique parce qu'ils étaient indépendants. Mais, objecte-t-on, avec cette interprétation la loi Mensia ne présentait pas d'utilité? Elle en présentait une dans le cas où un Romain se serait marié avec une Latine.

Après la soumission du *Latium*, la condition des Latins est bien différente. Il n'y a plus de confédération, partout les droits de suffrage et de commandement n'existent plus. Les Latins servent dans l'armée romaine, mais y forment des corps particuliers sous le nom de *socii nominis Latini* (Tite-Live, 26, 34); la solde et l'équipement restant à leur charge.

Lorsqu'ils sont domiciliés à Rome, ils n'ont ni le *jus honorum*, ni le *jus provocationis*. Ont-ils le *jus suffragii*? Pour le soutenir, on s'appuie sur l'autorité de Denys d'Halicarnasse (VIII, 77.) et sur un passage de Tite-

Live (XXV, 3.) où il est dit expressément qu'on tirait au sort la tribu dans laquelle les Latins présents à Rome prendraient part au vote. « *Sitellaque allata est ut sortirentur ubi Latini suffragium ferrent.* » On a prétendu que ces textes étaient erronés ou non authentiques, mais on n'a pu en faire la preuve. On s'est étonné que les Latins aient pu jouir d'un droit qui n'appartenait pas à tous les citoyens ; mais l'exercice de ce droit avait peu d'importance, puisque tous les Latins étaient classés dans une même tribu ; d'ailleurs, on comprend qu'on ait tenu plus grand compte de leur avis que de l'opinion de citoyens déclarés indignes et exclus des assemblées. Enfin nous savons, par Frontin et Aggénus Urbicus qu'il en était ainsi pour plusieurs autres villes où l'incolat donnerait droit de suffrage : « *Quœdam coloniœ aut beneficio conditorum perceperunt, ut Tudertini, aut postea apud principes egerunt ut Fenestres, ut incolæ, etiamsi essent alienigenœ, qui intra territorium colerent, omnibus honoribus fungi in coloniâ deberent.* » (Frontin *Grammatici veteres.*) Nous avons d'ailleurs un fragment de la *lex Malacitana* qui parait trancher la question :

R IN QUA. CVRIA. INCOLAE SVFFRAGIA
FERANT
QVICVMQUE. IN EO MUNICIPIO. COMITIA IIVIRIS
ITEM AEDILIBUS ITEM QVAESTORIBVS. ROGAN
DIS. HABEBIT EX. CVRIIS. SORTE DVCITO UNAM
INQVA INCOLAE QUI. CIVES R. LATINIVE CIVES
ERVNT SVFFRAGIO FERANT. EIS QVE IN EA CV
RIA. SVFFRAGI. LATIO ESTO

Les Latins ont-ils conservé le *connubium* et le *commercium* qu'ils avaient avant la conquête romaine ? Pour le contester, on s'est appuyé sur le texte de Tite-Live : « *Cœteris latinis populis commercia connubiaque et concilia inter se ademerunt.* » (VIII, 14.) Nous ne croyons pas qu'il faille donner ce sens à ce passage. Tite-Live s'est placé simplement dans les rapports des différentes cités latines entre elles et non dans les rapports de chacune d'elles avec Rome. Tout s'explique alors parfaitement : on a voulu rendre impossible la reconstitution de la Confédération. Aucun auteur moderne ne refuse le *commercium* aux *Latini veteres*. Il y a d'ailleurs un texte formel de Tite-Live qui nous montre les Latins mancipant leurs fils aux Romains, ce qui implique évidemment la concession du *commercium* (T.-L, XLI, 8.)

2° « LATINI COLONIARII ».— Dans une première théorie, soutenue par de Savigny, ils ne seraient pas mieux traités que les pérégrins ordinaires ; ils n'auraient d'abord aucun droit public ni politique, ni le *jus suffragii*, ni le *jus provocationis*, ni le *jus libertatis* ; il n'auraient pas davantage le *jus commercii*, ni le *jus connubii* avant la loi Julia *de civitate*. Pour le *jus connubii* cela résulte incontestablement des deux textes dans lesquels Ulpien et Gaïus nous apprennent qu'il faut une concession spéciale pour l'accorder aux Latins (Ulpien, V, 4, 9. Gaïus, I, 57, j. Paul, IV, 10, 3.) Quant au *commercium*, Cicéron (*Pro Cœcina*, 35) nous apprend qu'il n'aurait été accordé à titre de récompense, qu'aux dix-huit colonies restées fidèles pendant la guerre punique.

Dans un autre système les *coloniarii* auraient toujours eu le *commercium* (le texte de Cicéron a été mal interprété par de Savigny ; les Latins juniens avaient ce démembrement du droit de cité et Gaïus nous dit que leur condition a été calquée sur celle des *coloniarii*.) Mais le *connubium* ne leur aurait pas été concédé (cependant on a soutenu qu'il faudrait distinguer : jusqu'à la loi de Pompéius Strabo ils l'auraient eu ; lorsqu'on étendit le *jus Latinitatis* en dehors des anciennes limites on aurait refusé aux nouveaux Latins le *connubium*. De là la distinction à faire entre le *majus* et le *minus latium*.)

3° « LATINI JUNIANI ».— Leur condition est inférieure à celle des *coloniarii*. La loi *Julia Norbana* les avait soumis .à une triple restriction ; ils n'avaient pas la *testamenti factio* active ; cela s'explique tout naturellement ; ils ne laissaient point d'hérédité, ni *ab intestat* ni testamentaire, leur droit de propriété finissant à la mort.

Ils conservaient la *factio testamenti* passive mais n'avaient pas le *jus capiendi*, sauf en ce qui concerne les *fideicommis* (à moins d'être devenus romains du vivant du *de cujus* ou dans les cent jours de son décès.

Ils ne pouvaient être tuteurs testamentaires, légitimes ou fiduciaires (v. Gaïus, I. 24-32 — Ulpien XVII. et XXII, 3.)

Nous devons maintenant signaler les nombreuses facilités qui étaient accordées aux Latins pour devenir citoyens.

L'acquisition du *jus civitatis* devient pour eux un droit, lorsqu'ils ont satisfait aux conditions prescrites.

Les Latini *veteres et coloniarii* ont des modes qui leur sont propres.

Deviennent citoyens romains :

1° Ceux qui s'établissent à Rome, laissant dans leur patrie *stirpem ex se*, c''est-à-dire un ou plusieurs enfants pour y perpétuer leur race (T.-L. XLI, 8) ; disposition supprimée en 575 par un sénatus-consulte sur la demande des cités latines qu'on désertait en masse (T.-L. eod. loco.)

2° Ceux qui avaient fait condamner pour concussion un magistrat romain (Loi Servilia Glaucia ; v. Cicéron, pro Balbo, 24.)

3° Ceux qui avaient exercé pendant un an une magistrature dans une ville latine. A ce mode d'acquisition se rattache une controverse, à laquelle a donné naissance l'état incomplet dans lequel nous est parvenu le paragraphe 96 du commentaire Ier de Gaïus. Giraud avait admis qu'il fallait distinguer suivant que les villes latines avaient obtenu le *majus* ou le *minus latium*. Dans le premier cas l'acquisition de la cité s'étendrait à toute la famille du magistrat ; dans le second elle ne

profiterait qu'à lui seul. C'est ce qui était pratiqué pour
la ville de Salpenza, comme le constate l'inscription
suivante :

ABIERINT. GUM. PARENTIBVS CONJVGIBVSQVE HAC LIBERIQVI
LEGITVMIS NVPTIS QVAE SITI. IN POTESTATEM PARENTVM.
FVERVNT ITEM NEPOTIBVS. AC NEPTIBVS FILIO NATALIS
QVI QVAEVE.. IN POTESTATE. PARENTIVM FVERINT. DVM NE
PLVRES G.R. SINT.QVAM QVOD EX H.L. MAGISTATVS CREARE OPORTET

D'après Studemund, en Italie, les Latins auraient eu
moins de facilités pour acquérir la cité par ce mode.
C'est à eux seulement que s'appliquerait la distinction
entre le *majus* et le *minus latium*. Cet auteur a lu en
effet ainsi le texte précité de Gaïus : « *aut majus est
Latium aut minus, majus est Latium cum et hi qui de-
curiones leguntur et ei qui honorem aliquem aut magistratum gerunt civitatem romanam consequuntur, minus
Latium est cum hi tantum qui magistratum vel honorem
gerunt ad civitatem romanam perveniunt.*

Deux faits résultent de ce texte : dans les cités qui
ont le *minus latium* on arrive à la cité par l'exercice
d'une magistrature ou d'une fonction qualifiée *honor*;
dans celles qui ont le *majus latium*, le *décurionat* permet d'obtenir le *jus civitatis*. Dans aucun cas le droit
de cité n'est acquis à la famille du magistrat latin. Par
*magistratus* il faut entendre ici le *duumvirat* ou la pré-
fecture *juridicundo* ; par *honor*, les autres magistratures
comme l'édilité ou la questure. C'est ce qu'on peut conclure du moins d'un texte de *Festus* qui dit en parlant
des préfectures qu'elles n'ont pas de *magistratus* et
qu'on y envoie des préfets *juri dicondo*, alors que par la
loi *Julia municipalis* nous savons que, dans les préfectures, les comices locaux sont appelés à nommer certains magistrats. (*Lex Julia municipalis*, ch. 6. l. 89 et
suiv.)

Quant aux Latins Juniens, ils peuvent obtenir la cité par des modes multiples : 1° *Beneficio principali.* Trajan réservait dans ce cas les droits du patron, mais un sénatus consulte d'Adrien permit de rendre la concession pleinement efficace en recourant à la *causœ probatio* ou à l'*erroris causœ probatio* (v. Gaïus III. 72. 73.) — 2° *causœ probatione.* Supposons qu'un affranchi âgé de moins de 30 ans ait épousé soit une Romaine soit une Latine, *liberorum quœrendorum causâ*, et que de cette union contractée en présence de sept témoins citoyens et pubères, soit né un enfant. Lorsque cet enfant sera âgé d'un an, le latin se présentera devant le magistrat et fera constater qu'il réunit les conditions requises; il acquerra alors la cité pour lui, pour sa femme (si elle n'est déjà romaine) et pour son enfant (à moins que la mère étant romaine il n'y ait lieu d'appliquer le senatus consulte d'Adrien, dérogeant à la loi *Mensia*, d'après lequel l'enfant naît romain). (V. Gaïus, I. 29 et 30.) — 3° *erroris causæ probatione.* Il faut supposer que l'un des conjoints est romain et croit son conjoint romain comme lui tandis qu'il n'est que latin. Au cas de survenance d'enfants il pourra établir son erreur et acquérir la cité pour son conjoint et ses enfants.

On admet encore l'*erroris causæ probatio* dans le cas suivant : un latin épouse une pérégrine qu'il croit latine ou romaine; il espérait pouvoir transformer son mariage en *justæ nuptiæ* et acquérir la cité par la *causœ probatio.* On lui permet d'arriver au même résultat, en établissant qu'il y a erreur de sa part. (V. Gaïus, I. 67-71.)

4° *Triplici enixu.* — L'affranchie latine qui met au monde trois enfants illégitimes a droit à la cité romaine (Ulp. Reg. III. 1. On a soupçonné ce texte d'être incomplètement rapporté).

5° *Iteratione.* — On entend par là un nouvel affranchissement conféré en vue de donner la cité, ce qui avait lieu par exemple de la part du *nudus dominus ex jure Quiritium* (V. Ulp. Reg. III. 4).

6° *Militia.* — La loi Visellia récompensait par l'attribution du droit de cité le Latin qui avait servi 6 ans dans les gardes de Rome. Le temps fut plus tard réduit à 3 ans (Ulp. Reg. III. 6.)

7° *Nave, Œdificio, Pistrino.* — Même faveur pour le Latin qui construisait un navire d'une capacité de 10,000 boisseaux et transportait du blé à Rome pendant 6 ans; ou qui y bâtissait une maison d'une certaine importance, un moulin ou une boulangerie (V. Ulp. Reg. III. 1-6. — Gaïus, 1. 33-34).

Il est probable que tous ces modes, excepté l'*iteratio* et la *causæ probatio* pouvaient être également invoqués par les *Latini coloniarii.*

## APPENDICE

### DU JUS ITALICUM

Disons pour terminer un mot du *jus italicum* :

La plus grande obscurité règne sur le caractère de ce privilège. D'après Sigonius, il remonterait jusqu'à la guerre sociale; d'après Godefroy il ne daterait que de l'époque où le droit de cité fut accordé à l'Italie, enfin Turnèbe pense qu'il ne prit naissance qu'après les innovations financières d'Auguste.

Nos anciens auteurs ont admis longtemps (V. not. Sigonius) que c'était un privilège personnel. Savigny nous semble au contraire avoir démontré que ce privilège ne se rapportait qu'à l'état des cités.

Enfin sur la question de l'étendue du *jus italicum* et des éléments qu'il comporte il y a deux écoles principales, l'une qui distingue deux époques dans son histoire et compose de toutes pièces un droit italien antérieur à la guerre sociale; l'autre plus généralement admise, qui le constitue avec l'immunité des impôts et la capacité de propriété romaine pour le sol. Notons cependant que Savigny et Giraud y ajoutent l'autonomie municipale. (*Revillout, Rev. hist.* 1855).

## CONCLUSION

Nous pouvons maintenant constater toute la supério-
rité de la législation romaine sur les législations que
nous avons précédemment étudiées.

Le dernier effort de l'antiquité, chez les Grecs et surtout chez les Athéniens, consista à faire une place à l'é-
tranger dans la cité, mais sous combien de restrictions
et avec quelle infériorité ?

Il fut donné au peuple romain de réaliser un progrès
plus considérable encore : la guerre entre ses mains
cessa d'être une cause de destruction et de ruine pour
devenir un agent de civilisation, et la modération de sa
politique prépara, puis accomplit la fusion des vainqueurs et des vaincus, et par l'égalité accordée aux pérégrins et aux citoyens, l'unification de l'empire.

Cette grande œuvre s'exécuta avec une sage lenteur
et par des concessions successives. Dès le début, Rome
comprit tout le parti qu'on pouvait tirer des ménage-
ments apportés dans la conquête ; loin d'accabler les
vaincus, elle les prit sous sa tutelle et les fit participer
à tous les droits dont l'organisation ne présentait pas
un caractère éminemment national et personnel. Aussi,
au fur et à mesure que le *jus quiritium* se transforma,
dépouillant ses formes arbitraires et rigoureuses pour
revêtir un caractère scientifique et national, vit-on s'é-
tendre et s'élargir le domaine commun aux pérégrins et
aux citoyens.

D'un autre côté, tout en veillant avec un légitime or-
gueil sur les prérogatives des citoyens, le Sénat et le
peuple ne tardèrent pas à en abandonner quelques-unes
au profit des nations que la communauté de race, de
traditions, de religion, rapprochait d'eux plus intimement : c'est alors que fut créé le *jus latii*. Il se déve-

loppa plus tard et se répandit dans les provinces où, par une fiction juridique, on l'accorda en dehors de toute considération d'origine à des cités et à des territoires entiers. (La Gaule transpadane l'obtint dès 665. Plusieurs villes de Sicile en furent gratifiées dès le commencement de l'Empire. Vespasien le donna à toute l'Espagne et Adrien à une grande partie de la Gaule transalpine. (V. Asconius, *in Pison.* — Pline, *Hist. anc.*, III. 14, et *Spartien*, Adr. 21).

Enfin les concessions du *jus civitatis* en faveur des particuliers, rares sous la République et méritées par des services signalés, devinrent de plus en plus fréquentes ; les Empereurs en furent même prodigues. Sous Auguste, le nombre des citoyens augmenta d'un million, sous Claude, de deux (v. Tacite, Annales, XI. 25).

La constitution de Caracalla que nous avons déjà citée et à laquelle s'arrête notre étude, ne fut donc que le couronnement et le terme de cette longue évolution.

Un côté important de la question, que nous n'avons pu que signaler parce qu'il nous aurait entraîné trop loin du sujet restreint que nous avons choisi, consisterait à rechercher quelle fut l'influence et sur la législation romaine et sur les législations des différents peuples, des règles déterminant la condition des pérégrins et de la communication qui leur fut faite du *jus civitatis*. Nous dirons seulement pour nous tenir aux grands traits sans entrer dans les détails, que Rome n'imposa jamais son droit brutalement et d'une manière générale. Au contraire elle ne brisa aucun rouage sans être sûre de pouvoir le remplacer avantageusement ; tout en prenant les précautions qu'exigeait le soin de sa sûreté et de sa prééminence, elle laissa subsister les institutions qui lui parurent compatibles avec le maintien de sa domination. Grâce à ce respect des coutumes locales, les nations de mœurs et d'origine si diverses, qui vécurent sous ses lois, conservèrent sous un régime propre une partie de leur originalité.

Par là même, les hommes d'Etat romains se réser-

vèrent une source précieuse et abondante pour le développement et la vivification de leurs institutions. C'est
sous l'influence de la révolution qu'amena dans les
idées le contact avec les législations étrangères, par la
nécessité de régler les rapports multipliés qu'engendra
la différence des conditions, que le droit romain dut
cette largeur de vues, cette fermeté de principes, cette
précision de la notion de justice et d'équité, qui lui
acquirent une si grande autorité et le recommandent
encore aujourd'hui à notre admiration.

# DROIT FRANÇAIS

## DES PRÉLÈVEMENTS

Le prélèvement est une opération préliminaire au partage, qui a pour résultat d'attribuer à l'un des ayant droit, par préférence aux autres, des effets en nature de la masse à partager, pour le remplir d'un droit qu'il pouvait faire valoir contre cette masse.

En donnant cette notion du prélèvement, nous considérons que c'est improprement que le Code s'exprime ainsi dans l'art. 1470 : 1° « A la dissolution de la communauté, l'époux commun en biens prélève sur la masse ses biens propres, s'ils existent en nature, ou les biens acquis en remploi. » Pour conserver aux mots leur sens naturel, on ne doit pas dire d'un bien qui n'est jamais tombé dans la communauté qu'il en est prélevé, et au point de vue juridique, on ne doit pas réunir sous une même dénomination deux cas aussi distincts que le recouvrement de la jouissance d'un propre et le prélèvement d'un bien commun pour le règlement des récompenses. Il nous paraît certain que les rédacteurs du Code ont voulu dans l'art. 1470 employer une expression générale susceptible de s'appliquer à tous les cas prévus par les divers numéros de cet article, et qu'ils se sont attachés pour la choisir à une simple circonstance de fait, la confusion apparente qui existe entre les différentes catégories de biens à la dissolution de la communauté. Ils n'échappent pas pour autant à toute critique, car, en se servant de termes auxquels on veut donner un sens large, il faut éviter avec soin les équivoques, et à ce point de vue, nous préférons le mot reprendre employé dans l'art. 1493.

Le Code n'a traité du prélèvement que dans la matière des successions (art. 830-869) et dans celle de la communauté (art. 1470-72). Il l'a fait très succinctement et de manière à laisser place à de nombreuses difficultés.

Pour suivre dans cette étude une méthode rationnelle, nous diviserons nos explications en quatre chapitres ; nous traiterons d'abord de la nature juridique du prélèvement ; nous verrons ensuite quelles sont ses conditions, comment il s'opère et quels sont ses effets ; enfin, nous comparerons le prélèvement au préciput sous le régime de la communauté.

## CHAPITRE Iᵉʳ

### NATURE DU PRÉLÈVEMENT

La question que nous devons traiter ici s'est principalement posée en matière de communauté, et comme elle y a donné lieu à des commentaires fort étendus, à de véritables travaux d'érudition (il existe, dit M. Laurent, toute une litérature sur la matière) nous nous placerons d'abord sur ce terrain pour la discuter.

Comme il importe de ne pas scinder notre exposition, nous ne ferons pas d'introduction historique. Chaque système prétendant s'appuyer sur la tradition, notre critique fera ressortir et mettra naturellement en lumière les principes suivis dans l'ancien droit.

Deux théories considèrent d'abord le prélèvement comme l'exercice d'un droit de propriété qui se reporte d'un bien sur un autre bien, à lui subrogé, ou d'un droit de copropriété. Les uns tiennent que l'époux qui prélève le fait au même titre qu'il reprend ses biens propres; les autres pensent qu'au contraire c'est seulement un propriétaire pouvant prétendre à une part plus considérable dans la masse et recevant un lot plus fort.

Système de la propriété. — Ce système n'a pas toujours été soutenu avec les mêmes arguments et il n'est arrivé qu'assez tard à sa formule définitive. Il fut pendant cinq années accepté par la jurisprudence. Déjà on pouvait le pressentir en lisant certains considérants d'arrêts de Cours d'appel (v. Angers, 2 décembre 1830. Dalloz, répertoire, contrat de mariage, v° 2399. Paris, 21 février 1846. Dalloz, 1846-2. 97. Grenoble, 19 juillet 1851. Sirey 1852. 2. 198. Paris, 31 décembre 1852. D. 53. 2), quand la Cour de cassation l'affirma dans trois arrêts des 1er août 1848, 28 mars 1849 et enfin du 15 février 1853, sur les conclusions de l'avocat général Nicias-Gaillard.

Voici les considérants de ce dernier arrêt : « Vu les art. 1470, 1471, 1483, 1493 : Attendu qu'il résulte de ces articles que c'est à titre de propriétaire que la femme, de même que le mari, et avant ce dernier, a droit au prélèvement préalable de ses propres, lors de la dissolution de la communauté et qu'ainsi l'actif de cette communauté ne se compose que du surplus des biens, prélèvement fait des reprises ci-dessus, que la femme a droit de se prévaloir contre les créanciers de ces principes qui sont généraux dans la matière, soit qu'elle accepte, soit qu'elle renonce, puisque dans l'un et l'autre cas, il s'agit pour elle de rentrer dans ses biens propres ou dans leur valeur, etc. »

Ces décisions, très peu motivées, comme on le voit, étaient dues à l'influence de M. Troplong. On était entraîné par une idée plus romaine que coutumière, la nécessité de protéger la femme qui serait pendant le mariage, disait-on, trop souvent portée à aliéner ses

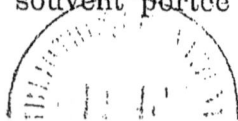

7

propres, soit par amour, soit par crainte, deux passions également contraires à la liberté.

Seulement, il ne suffisait pas d'invoquer des textes peu précis, il fallait donner à la doctrine une base juridique.

On a été tenté d'invoquer en faveur de cette manière de voir, un argument sur la valeur duquel nous devons tout d'abord nous fixer. Déjà, dans l'ancien droit, Brodeau, voulant caractériser les reprises, disait que ce n'était pas une dette, mais une distraction de deniers, dont la communauté n'était que dépositaire (V. sur l'article 93 de la Cout. de Paris, 2e vol., p. 36.) En prenant trop à la lettre les expressions employées par ce jurisconsulte, on a dit que les valeurs dont l'époux exerce la reprise n'étaient entrées dans la communauté qu'à titre de dépôt et que, par conséquent, l'époux en avait gardé la propriété (V. Troplong, Contr. de mariage, t. 1er, nos 1621-28, 1635, 1829.)

Cette théorie ne conduirait pas à la solution qu'on propose ; en effet, c'est dans le dépôt régulier, dans celui où il est convenu que la chose déposée sera rendue *in specie*, que le déposant reste propriétaire. Dans le dépôt irrégulier, au contraire, le déposant n'est qu'un créancier ayant droit à la restitution de pareille quantité de choses semblables. Quand la femme a vendu un propre et que le prix en a été versé à la communauté, ira-t-on dire qu'elle consent un dépôt régulier ? Qu'elle consent, mais comment consentirait-elle ? C'est le mari usufruitier qui touche l'argent en cette qualité et sans son intervention. — Un dépôt régulier, mais peut-on croire que le mari a reçu le prix en argent pour rendre identiquement les deniers reçus ? Une pareille affirmation serait contraire à l'interprétation raisonnable de sa volonté et aux principes généraux, car l'art. 587 nous apprend que l'usufruit portant sur une chose fongible se transforme en un droit de propriété à charge de rendre, lors de l'extinction du droit, choses *ejusdem naturæ, ejusdemque quantitatis*. Cela est plus évident encore, comme le fait remarquer M. Colmet de Santerre, dans le cas où un propre de la femme a été de son consentement donné

en paiement à un créancier commun. Il n'y a pas moyen
de considérer la communauté comme ayant reçu un dépôt régulier, puisque la valeur perdue par la femme n'a
jamais figuré un seul instant *in specie* dans la communauté. (V. Colmet de Santerre, t. VI, p. 293.)

Quand on a prétendu résoudre ainsi la difficulté on
n'a donc fait que se payer de mots ; d'ailleurs, pour être
juste, il faut remarquer qu'on ne l'a fait qu'incidemment.

D'autres auteurs, plus praticiens que jurisconsultes
(Caquot Bouré, Vavasseur) (1) se sont placés sur un
autre terrain.

D'après eux, on confond trop souvent la communauté
avec la masse indivise de biens que le mari administre
pendant le mariage et dont il est parlé dans les
art. 1468, 1470, 1474 ; et dans divers textes où le mot
communauté est improprement employé, notamment
dans l'art. 1401. Cette masse indivise que le mari administre pendant le mariage avec une confusion apparente
et à des titres divers, englobe les trois patrimoines ;
mais ce n'est pas elle qui a un actif et un passif, qui est
obligée envers les tiers, c'est la communauté ; or, la
communauté ne s'obtient à la dissolution qu'après la
reconstitution des patrimoines propres ; ces patrimoines
ne pouvant être reformés d'éléments identiques, on les
restitue au moyen de prélèvements s'opérant dans un
ordre déterminé. En conséquence, les biens acquis
pendant le mariage tombent dans la masse indivise et
non dans la communauté ; ce n'est qu'à la dissolution
de celle-ci qu'on saura définitivement s'ils font ou non
partie de la masse commune, suivant que les prélèvements auront ou non porté sur eux.

Ainsi présenté, le système n'était pas bien sérieux :
on répondait que la transformation des pouvoirs du
mari au cas d'aliénation des propres et de versement
du prix en communauté se justifiait par les principes
généraux du droit et l'art. 587 ; que jamais ni dans les
anciens auteurs, ni dans les travaux préparatoires on

1. Caquot, *Reprises de la femme*, Paris, impr. Brière, 1854. Bouré, id
Beauvais, 1854. Vavasseur, id. **Rev. prat.** 2ᵉ vol., 1856.

n'avait fait mention d'une masse de biens existant pour ainsi dire en outre et au-dessus de la communauté ; que si le législateur avait employé cette expression dans certains articles, c'était simplement pour faire allusion à une confusion de fait qui n'avait pas de correspondant en droit ; que par conséquent toute cette théorie de la masse indivise dans laquelle les acquisitions faites pendant le mariage entraient sans qu'on pût savoir d'ores et déjà pour quelle part elles reviendraient soit aux époux, soit à la communauté, était une pure imagination et c'est ainsi que l'ont d'ailleurs qualifiée certains arrêts.

Mais, n'insistons pas sur ces discussions retrospectives que nous avons de la peine à comprendre : on les trouvera développées dans les articles d'Ancelot et Pont (*Rev. crit. t. IX.*) (1)

1. Ces auteurs ont eu recours à des arguments peu précis et il est presque impossible de les suivre dans toutes les parties de leur discussion.

Citons par exemple Bouré : il suppose que les époux en se mariant ont apporté des capitaux dont il ont mis une partie en communauté se réservant le surplus à titre de propres ; « Au jour du mariage, dit-il, le mari « avait à sa disposition des capitaux d'une triple origine, appartenant à trois « propriétaires différents ; à la dissolution de la communauté cette diversité « d'origine se reproduit avec toute son énergie et les capitaux transformés, « nous ne dirons pas retournent, mais continuent d'appartenir à leur maître « primitif. Quelle conséquence tirer de cette position identique au commence-« ment et à la fin de la communauté ? Le mari qui a des fonds tout à la fois « comme chef de la communauté, comme propriétaire, comme maître des « droits mobiliers de sa femme, administre la totalité de cet actif avec une « confusion qui n'est apparente ; s'il est malheureux dans sa gestion, il com-« mence par ruiner la communauté ; il se ruine ensuite et il ne peut « compromettre la position de sa femme qu'autant qu'il a épuisé les capi-« taux des deux premières origines. La femme a un droit de préférence « comme propriétaire, sur les objets restant dans ses mains ; la communauté « et lui-même ne peuvent rien réclamer tant que le droit de la femme n'a « pas été pleinement exercé ; en d'autres termes, le mari gère pour trois « propriétaires ; arrivant à la fin de sa gestion, les objets transformés appar-« tiennent à ces trois propriétaires et l'un d'eux, la femme est préférée, de « sorte qu'en supposant l'actif amoindri elle aura un droit de prélèvement et « ne subira de perte qu'autant que l'actif n'égalera pas le montant de ses re-« prises. Cet exposé suffit pour prouver que si la femme exerce ses reprises à « titre de propriétaire, c'est en vue d'un droit qui lui est propre et non en « qualité de commune. Qu'elle renonce, ou qu'elle accepte, son droit ne déri-« vant pas de sa qualité de commune devra rester le même ; dans un cas « connue dans l'autre ses reprises sont les mêmes, et il faudrait une disposi-« tion précise pour admettre que la nature de son droit n'est pas le même. « Dira-t-on que propriétaire au regard du mari, la femme cesse de l'être vis-à-« vis des créanciers? Nous répondrons que le *dominium, le jus in re* est un » droit absolu, qu'on ne peut pas en même temps être propriétaire et ne l'être pas... etc. »

Il est d'ailleurs certain que dans ces doctrines se trouvait déjà le germe de la théorie de la subrogation qui seule a présenté un ensemble doctrinal auquel on puisse s'attacher.

Pour soutenir cette manière de voir, on peut présenter trois sortes d'arguments.

1° Dans l'art. 1395, le législateur a posé comme un principe général et essentiel l'immutabilité des conventions matrimoniales : suffira-t-il pour que ce principe soit pleinement respecté, que les parties ne puissent pas modifier après coup les clauses du régime par eux adopté ou les conséquences normales et régulières de ce régime ? Suffira-t-il sous le regime de la communauté que l'un des patrimoines ne puisse s'enrichir aux dépens des autres ? Evidemment non; car si les époux peuvent pendant le mariage transformer leurs biens et changer la composition de leur patrimoine, ils modifieront par là même l'assiette de la communauté, les pouvoirs conférés au mari, c'est-à-dire ils contreviendront de la façon la plus complète à la règle qu'ils s'étaient tracée, ils violeront leur contrat en rendant complètement vaines et inutiles les garanties qu'avant le mariage le législateur leur avait réservées. Aussi une semblable liberté ne devait-elle pas être laissée aux parties : sans doute les époux peuvent eux-mêmes rétablir leurs patrimoines personnels, les reconstituer avec des éléments identiques au moyen des remplois et la loi les y invite — mais, si ces mesures facultatives étaient négligées, le législateur devait prendre les précautions nécessaires pour assurer l'application d'une règle aussi sage que celle de l'immutabilité et il n'y avait pour cela qu'un procédé à suivre : organiser une subrogation légale s'imposant *ipso jure* à défaut du remploi non effectué par les parties.

2° Cette pensée ressort nettement des travaux préparatoires. C'est à l'occasion des remplois que dans son rapport au Tribunat, Duveyrier s'occupe des reprises des époux : il y voit un véritable remploi légal s'effectuant sur la masse de la communauté; il se sert constamment de l'expression: remploi. — « Si, dit-il, l'immeuble vendu appartient au mari, le remploi ne s'exerce que sur la masse de la communauté ; au contraire, si l'immeuble appartient à la femme et si les biens communs sont insuffisants à remploi, il s'exerce sur les biens personnels du mari » ( Locré, t. XIIIᵉ, n° 28, p. 355 ).

Les rédacteurs du Code n'ont certainement pas voulu innover en cette matière : c'est à l'ancien droit qu'ils ont emprunté leurs dispositions.

L'ancien droit reconnaissait deux procédés, le mi-denier, le prélèvement pour régler les récompenses des époux contre la communauté. Les rédacteurs du Code abolissant la méthode du mi-denier, ont consacré celle du prélèvement. Eh bien, nous allons voir que nos anciens auteurs considéraient le prélèvement comme un cas de subrogation tacite.

Autrefois, sous l'empire de l'ancienne coutume de Paris, aucun remploi n'était dû s'il n'avait été stipulé au moment du contrat ou tout au moins au moment de l'aliénation (V. Pothier, Comm. n° 585). Dans le cas de stipulation spéciale, si le remploi avait été effectué, le bien acquis était subrogé au bien aliéné sans difficulté. Pour le cas où le remploi n'aurait pas été effectué pendant le mariage, on ajoutait à la stipulation de remploi une clause d'assignation ordinairement ainsi conçue : « Etant convenu par le contrat que si le mari vend des propres de sa femme, il sera tenu de le remployer en acquisitions d'héritages qui seront propres à ladicte femme et s'il ne fait le dict remploy, lui assigne iceluy sur tout et chacun des biens immeubles et l'un d'iceux tel que la femme voudra choisir, à la charge de le pouvoir racheter par ses héritiers en rendant la somme pour laquelle les biens de ladicte femme auront été vendus un an après la dissolution du mariage ». V. Charondas, *Rep. de Droit* fr. 1. 7. n° 46, cont. de Bretagne, art. 422, cont. de Nivernais; *Des Droits app. aux gens mariés*, art. 12. » Lebrun mentionne également cette stipulation usuelle : à défaut de remploi à la dissolution de la communauté il se fera sur les effets de la communauté et subsidiairement sur les propres du mari (l. III, ch. 2, sect 1, dist. 2, n° 102, *traité de la Comm.*) Dans cette hypothèse, comme le remarque fort judicieusement M. Esmein (*Revue critique*, 1877) la femme à la dissolution avait un droit de propriété ; ce droit était, sans contredit, immobilier et la charge du remploi ne pesait que sur ceux des héritiers du mari qui auraient recueilli les immeubles assignés ; en un mot il y avait là une subro-5ation conventionnelle. Plus tard, quand l'art. 232 de la coutume de Paris réformée en 1586 admit le remploi bien que non stipulé, on considéra tout naturellement que le législateur par une disposition prévoyante et sage n'avait fait que sous-entendre une clause fort usitée dans la pratique ; au lieu d'une subrogation conventionnelle on avait maintenant une subrogation légale. Ceci est indiqué par Brodeau (sur Louët, lettre R, n° 30, arrêt 28) : « Il y a quelques anciens arrêts et particulièrement un donné en la coutume de Senlis le 30 mars 1605, qui a jugé que le remploi est une dette immobilière qui doit être acquittée par les héritiers immobiliers du mari et attesté par Pocquet de Livonnière : « Dans les premiers temps les acquets de la communauté étaient tellement affectés aux remplois de la femme que l'ancienne jurisprudence des arrêts étaient qu'ils lui appartiennent de plein droit pour ses remplois » (*Traité des fiefs*, l. III, ch. 5, sect. 3).

Telle est l'origine des prélèvements.

Il est vrai que cette jurisprudence fut bientôt combattue (v. les auteurs précités) et que s'attachant au texte des coutumes (art. 187 cout. d'Orléans) qui fixait au moment de la dissolution une moitié de la communauté sur la tête de chacun des conjoints ou de ses héritiers, on adopta un système tout différent, le système du mi-denier. La récompense ne fut plus qu'une dette qui se partageait par égale portion entre les époux et qui se réglait d'après les principes ordinaires après les opérations du partage. Cette nouvelle manière d'envisager les récompenses prévalut longtemps, mais tout en jouissant d'une grande faveur dans la pratique, notamment au Châtelet de Paris, elle ne supplanta jamais complètement le procédé du prélèvement. Nous allons en fournir la preuve en consultant les anciens auteurs.

Bacquet nous en donne d'abord un témoignage irrécusable. Il suppose un contrat de mariage par lequel il a été stipulé que si un propre est aliéné pendant le mariage ou si des rentes sont rachetées, il y aura lieu à remploi, et si le remploi n'est pas effectué, à reprise sur la communauté avant partage. Pendant le mariage des rentes, qui étaient des acquêts faits par le mari antérieurement au mariage, sont remboursées pour 3,000 écus ; le mari meurt laissant un fils mineur ; son subrogé-tuteur fait décider contre la mère tutrice qu'il sera pris sur les plus clairs biens de la communauté acceptée 3,000 écus pour être employés en achat de rentes. Le fils meurt avant tout emploi ; la somme de 3,000 écus doit-elle être attribuée à la mère héritière aux meubles et acquêts ou aux oncles paternels du *de cujus*, héritiers aux propres ?

« Aucuns estimaient, dit Bacquet, que lesdits deniers devaient appartenir aux oncles paternels comme subrogés au lieu des rentes rachetées et tenant lieu d'icelles, ainsi que les dits deniers étaient stipulés par le contrat pour être employés en rachat de rentes ou d'héritages, et soutenaient que cette stipulation avait effet d'emploi suivant l'art. 93 de la coutume de Paris, ce qu'étant véritable, disaient tout ainsi que si l'emploi eût été propre paternel à l'enfant, aussi le denier tenant lieu dudit héritage et étant subrogé au lieu d'icelui, était propre paternel. » Après avoir longtemps discuté la question et rapporté des arrêts en sens contraire notre auteur conclut en décidant que « en la nouvelle coutume de Paris le denier procédé de la vente d'héritage propre qui doit être repris sur les biens de la communauté est subrogé et tient lieu de l'héritage vendu et est de même nature, soit qu'il y ait convention de remplir ou non. » *(Des droits de justice*, ch. 21, nos 307 et suiv.).

C'est cette théorie de la subrogation qui permet encore de comprendre comment un arrêt du parlement de Paris, du 14 août 1567, rapporté par Coquille, a pu décider que la femme veuve prendrait ses propres et son douaire sans charge des dettes faites par le mari (par propres il faut entendre les reprises). En effet, nous verrons que la théorie du droit de propriété conduit seule à affranchir la femme de toutes les dettes contractées par le mari.

Enfin, Lebrun et Pothier, sans accepter la doctrine de la subrogation, y font allusion et lui empruntent même des formules ou des arguments ; c'est ainsi que Lebrun a pu dire que : la reprise n'était pas une dette, mais une distraction et que la femme reprenait ses deniers réalisés comme elle fait ses immeubles réels (1) » et Pothier voulant expliquer pourquoi les droits de quint ne sont pas pas dûs quand un conquêt est abandonné à la femme renonçante en paiement de ses reprises, fait allusion bien évidemment à la théorie de la subrogation, lorsqu'il écrit ces mots : « Les deniers dotaux de la femme et le prix de ses propres aliénés dont elle a la reprise sont présumés avoir servi jusqu'à due concurrence à faire l'acquisition des biens de communauté, ces biens sont donc en quelque sorte censés les biens dotaux de la femme, suivant cette règle de droit : *Res ex dotali pecunia comparata dotalis esse videtur*, par conséquent, lorsqu'on a donné à la femme quelque conquêt en acquit de ses reprises, ce n'est pas tant une vente qu'on lui fait que la délivrance d'un bien, sur lequel elle avait déjà une prétention pour ses reprises, qui doit lui tenir lieu de l'emploi que le mari devait faire de ses deniers. » (*Traité des Fiefs*, partie I, chap. 5, art. 2, parag. 3).

Ces témoignages paraissent décisifs ; ils attestent que la théorie des prélèvements reposait encore dans le dernier état de notre ancien droit sur l'idée de la subrogation légale. C'est donc cette idée qui doit encore les expliquer sous le Code, puisque l'intention du législateur a été de n'admettre d'autre réforme que la suppression du mi-denier.

_____

(1) Lebrun, communauté, l. 3. ch. 2, sect. 1. dist. p. 3, 30,

3° Le point de vue auquel nous nous sommes placé nous permettra d'expliquer tout naturellement les différents textes du Code. Rien n'est plus simple, en effet, que de faire comprendre comment le prélèvement peut s'opérer en nature, conformément à l'art. 1471 ; pourquoi l'art. 1470 réunit dans une même formule et dans une expression synthétique la reprise des propres existants en nature, la reprise du prix des propres aliénés et des indemnités dues par la communauté ; le droit de l'époux se fondant sur une subrogation est le même dans le second cas que dans le premier, et son titre n'a pas changé.

Enfin, nous nous expliquerons très bien pourquoi le remploi fait par le mari ne peut, aux termes de l'article 1435, être accepté par la femme que pendant le mariage ; c'est parce qu'à la dissolution le législateur a pris lui-même soin d'opérer le remploi, et que la femme n'a plus besoin de s'attacher à celui dont les conditions ont été réglées par le mari.

De tous ces arguments, on conclut que le prélèvement n'est qu'un remploi légal, et que c'est bien la théorie de la subrogation tacite entrevue par nos anciens auteurs que le Code a définitivement consacré.

SYSTÈME DE LA COPROPRIÉTÉ. — Pour les auteurs qui soutiennent cette théorie (v. de Folleville, *Revue du droit et de la Jurisprud.* 1878, p.280), l'époux qui prélève n'est autre chose qu'un copropriétaire prétendant à une part plus forte dans la masse. Son droit se ramène à un préciput.

Voici les raisons qu'on invoque à l'appui de cette manière de voir. Le prélèvement, dit-on, a pris naissance dans les coutumes peu nombreuses (Maine, Anjou, Touraine) qui permettaient les donations entre époux. Un des époux ayant aliéné son propre sous le régime de la communauté, on ne vit pas dans ce fait une intention libérale suffisamment caractérisée (v. Lebrun, Comm. l.3, ch.2, sect. 1, dist. 2, n° 34), et on considéra qu'à la suite de cette aliénation la communauté avait reçu une chose qu'elle ne devait pas régulièrement garder ; par conséquent, cette communauté était augmentée outre mesure au moment de la dissolution. Il fallait donc, avant de procéder au partage par moitié, distraire cet accroissement de la masse, afin d'en déterminer la véritable consistance, et cette distraction ou délibation n'était-il pas conforme à l'équité de l'attribuer à l'époux, du chef duquel elle provenait? Quoi de plus naturel que ce dernier se contentât d'une part plus considérable dans la masse, puis qu'il avait consenti à faire tomber la valeur de son propre dans la communauté? Telle est l'origine de la méthode dite par délibation et distraction, qui n'est autre chose que la méthode des prélèvements.

Elle se répandit un peu tard dans les pays de coutume, mais on peut se convaincre, par la lecture de plusieurs passages de nos anciens auteurs qu'elle y conserva bien son caractère primitif.

Duplessis la formule nettement (*Comm.*, l., II, chap. 4, sect. 3 *in fine*. V. ég. Argou, l. 3, ch. 4 *in fine*), lorsqu'il dit qu'au cas d'acceptation de la communauté, les héritiers aux propres du mari ne sont pas tenus de contribuer aux reprises de la femme, « parce que ces choses ne sont pas tant des dettes que des corps effectifs confus en la masse de la communauté qui en a été enflée, lesquels en doivent être distraits, la commauté n'étant que que ce qui reste après ces distractions. » Pelée de Chenonceau, sur la coutume de Sens, (p. 43, n° 14, édition de 1787), part de la même idée lorsqu'il détermine l'ordre dans lequel se déroule la série des opération du partage ; d'abord, la vente des meubles, puis l'acquittement des dettes, le prélèvement des deniers dotaux stipulés propres à la femme, le remploi des propres de la femme et celui des propres du mari, en dernier lieu, le préciput du survivant.

Par cela même qu'il place l'acquittement des dettes avant le prélèvement, il reconnait que l'époux qui prélève n'est qu'un copartageant.

Enfin, Pothier est plus précis encore dans son *Traité des successions* (ch. 5, art. 2, p. 1.) « Plusieurs pensent aujourd'hui que les reprises que le survivant a droit d'exercer doivent être regardées moins comme une créance que comme donnant à celui qui les a un droit plus fort dans la communauté qu'a le conjoint qui a ses reprises à exercer, lequel diminue d'autant celui de l'autre conjoint qui n'en a pas de pareilles à exercer. »

Les travaux préparatoires confirment cette manière de voir. Une observation du Tribunat prouve que les rédacteurs du Code ont considéré avec les auteurs les plus récents de notre ancien droit, que la valeur du propre aliéné n'entrait dans la communauté que provisoirement et à charge de distraction. La section du Tribunat propose une modification à la rédaction de l'art. 1433 ; cet article suppose qu'un propre a été aliéné, on ajoutait dans le projet « et que le prix en est tombé dans la communauté. » Le Tribunat demande qu'on y substitue ces mots : « et que le prix en ait été versé dans la communauté, » parce que, dit-il, « le mot tomber doit être réservé pour le cas où il s'agit de choses qui doivent légalement former la communauté, tandis qu'il n'existe dans l'hypothèse qu'un versement accidentel qui doit être employé ou prélevé. »

De même Duveyrier dans son rapport au Tribunat (Locré, XIII p. 301 n° 22) déclare que c'est seulement après que les droits des tiers ont été suffisamment établis, qu'il y a lieu d'examiner les droits des époux, et de traiter la question des récompenses. Berlier devant le Corps législatif (Locré XIII p. 270 n° 23) dit expressément : « Si la communauté est acceptée, il faudra faire une masse commune de l'actif et du passif, et après l'acquittement des charges et le prélèvement réciproque des biens personnels, faire le partage du surplus ; si quelques-uns des biens propres à l'un des époux ont été aliénés, le remploi s'en fera préalablement sur la masse. »

Ainsi, ces deux jurisconsultes reconnaissent que l'acquittement des dettes et charges doit précéder le règlement des récompenses et que les époux prélèvent au même titre qu'ils partagent.

Enfin, on remarque que le Code n'admet plus les métho-
des du mi-denier et de la compensation, ce qui s'explique tout naturellement si l'on ne doit plus voir un droit
de créance dans la récompense; la plupart des articles qui traitent de cette matière, qualifient expressément de prélèvements les droits des époux contre la
communauté (V. not. art. 1433 où l'on ne dit pas, comme
dans l'art. 1437, par exemple, que récompense est due,
mais bien qu'il y a lieu au prélèvement du prix sur la
communauté.

Pour ces diverses raisons on conclut que les rédacteurs
du Code ont adopté la théorie que Pothier appelait la
théorie moderne, et qu'ils n'ont vu dans les époux
qui prélèvent le montant de leurs récompenses que
des copartageants ayant un droit plus fort dans la
masse.

Les deux systèmes que nous venons d'exposer, tous
deux bien différents dans leurs conséquences, quoique
aussi absolus dans leurs formules, doivent suivant nous
être complètement repoussés.

Nous allons d'abord établir qu'envisagé dans les faits
qui lui donnent naissance, le droit de récompense ne
peut être qu'un droit de créance.

En effet lorsqu'on analyse les causes de récompense,
on voit qu'elles peuvent se grouper en trois catégories
principales : ou la communauté ayant à exercer son
usufruit sur un propre fongible en est devenue propriétaire dans les conditions et sous les charges prévues
par l'art. 587 ; ou elle s'est enrichie aux dépens du patrimoine propre de l'un des époux par une *versio in rem* ;
ou elle est tenue de réparer le préjudice causé au patrimoine de la femme par la mauvaise administration du
mari. Dans le premier et le second cas, l'action qui
dérive du quasi-usufruit, comme l'action qui procède
de la *versio in rem* et qui n'est autre chose que l'extension de la *condictio sine causâ*, sont dans notre droit
ainsi que dans le droit romain des actions purement
personnelles. Enfin dans la troisième hypothèse, la

réparation du préjudice souffert ne peut évidemment consister qu'en l'attribution d'un droit de créance.

Les textes du Code confirment cette manière de voir.

« L'article 1433 est ainsi conçu : S'il est vendu un immeuble appartenant à l'un des époux et que le prix en ait été versé dans la communauté, il y a lieu au prélèvement du prix sur la communauté au profit de l'époux qui était propriétaire de l'immeuble vendu. La femme a donc un droit au prix qu'elle exerce par voie de prélèvement. Ce droit au prix est une récompense ou une indemnité. L'indemnité implique une perte causée à la femme et la réparation de cette perte. Voilà la matière d'un droit de créance ; il y a un créancier et un débiteur. L'art. 1437 le dit en parlant des récompenses auxquelles la communauté a droit contre les époux ; l'époux doit la récompense du profit personnel qu'il a tiré de la communauté. Ce mot doit indiquer une dette, un débiteur et un créancier si l'époux est débiteur, la communauté est créancière. Or, les récompenses sont identiques, qu'elles soient dues à la communauté ou aux époux : si la communauté est créancière, l'époux est aussi créancier. L'art. 1470, 3· reproduit cette expression ; chaque époux prélève les indemnités qui lui sont dues par la communauté. »(V. Laurent, de la *Comm.* n° 532.) Ajoutons que l'article 1473 décide que les intérêts des remplois et récompenses dus par la communauté aux époux emportent les intérêts deplein droit du jour de la dissolution et ce sont les créances qui sont productives d'intérêts. Ceci posé l'époux commun en biens étant d'a près les principes investid'un droit de créance à titre de récompense contre la communauté, la raison commandait-elle d'y opporter une dérogation ? Oui, répond le système de la propriété, l'immutabilité des conventions matrimoniales si nécessaire à maintenir dans l'intérêt public comme dans l'intérêt privé, dans l'intérêt des tiers comme dans celui des époux, ne permettait pas de laisser subsister les règles ordinaires parce qu'il eut été trop facile aux époux, en aliénant leurs propres de changer l'assiette de leur for-

tunc et en augmentant les pouvoirs du mari de violer la
loi qu'ils s'étaient imposée à eux-mêmes.

Remarquons d'abord que cette règle de l'immutabilité
est une création arbitraire de notre droit, les Romains ne
la connaissaient pas et il eut été certainement suffisant
d'édicter les règles protectrices de forme et de publicité. Il
faut donc strictement interpréter l'art. 1395. Qu'exige ce
texte? que la volonté des époux ne porte pas atteinte
aux clauses du contrat de mariage et aux conséquences
qui en découlent naturellement.

La question est donc de savoir si, en attribuant un
simple droit de créance à l'époux titulaire d'une récompense, on va à l'encontre des principes posés dans le
contrat. Qui ne voit, au contraire, qu'on ne fait que les
appliquer? Supposons l'aliénation d'un propre de la
femme. Elle s'est évidemment réservé le droit de la
faire ; le mari touche la créance en sa qualité d'administrateur et d'usufruitier, et la récompense naît du
fonctionnement même de la règle acceptée par les
époux. La preuve, c'est que la communauté ne doit pas
la valeur intégrale du propre, mais le prix qu'elle a touché. Nous ne voyons donc pas qu'on puisse se prévaloir
de l'art. 1395, comme on l'a fait. Le véritable motif,
qu'on n'avoue pas toujours, est la nécessité de protéger
la femme contre ses propres entraînements ou ceux du
mari. Mais il ne s'agit pas seulement de la femme. Le
mari peut prélever comme elle, et même au regard de
celle-ci il importe de remarquer que la loi a pris soin
de sauvegarder ses intérêts en lui accordant trois bénéfices particuliers (droit de demander la séparation de
biens, droit de renoncer à la communauté, bénéfice d'é-
molument) et une hypothèque légale ; qu'il existe d'ailleurs, un régime spécial entourant la dot des mesures
protectrices les plus énergiques ; enfin, qu'en l'inter-
prétant comme on le fait, on dénature le régime de
communauté, bien évidemment conçu dans un esprit
de liberté et de crédit.

Le système de la copropriété ne peut pas davantage
expliquer pourquoi l'époux serait moins bien traité que

les autres créanciers. Il a consenti, dit-on, à faire tomber
la valeur de son propre dans la communauté, d'où l'on
conclut qu'il doit se contenter d'une part plus avantageuse dans la masse commune. Mais il arrive souvent
que le droit à la récompense n'a pas sa source dans un
fait volontaire émanant de l'époux qui en est titulaire (1);
et même dans ce cas, il nous est impossible de voir le
lien logique qui réunit les deux idées. En réalité, on
présume une renonciation, ce qui est à la fois peu conforme à l'intention des parties et contraire aux principes.

Il faut donc abandonner les arguments purement ra-
tionnels pour se placer sur le terrain de la tradition et
de l'histoire.

Un premier point incontestable, c'est que les anciens
auteurs, d'accord en cela avec la jurisprudence des Par-
lements et le texte des coutumes, ont considéré les récompenses comme des créances (2). De là est née la
méthode du mi-denier pour en opérer la liquidation. Il
est vrai que postérieurement apparait un autre procédé
celui des prélèvements; mais alors même qu'il est en
plein fonctionnement, on ne voit pas que les auteurs le
considèrent comme devant amener un changement de
doctrine complet. Aucun ne dit, en effet, qu'il faudra
considérer le droit de récompense comme ayant une
nature différente à tous les points de vue, suivant qu'on
emploiera l'un ou l'autre mode de règlement.

Cette observation faite, voyons quelle est pour le système de la propriété l'origine des prélèvements. On la
trouve dans la clause d'assignation qui aurait été géné-
ralisée et sous-entendue dans le contrat de mariage.
Cette opinion ne nous parait pas exacte; nous reconnaissons sans difficulté que la clause d'assignation a été
dans le très ancien droit une clause fort usuelle, sup-
pléant à la défectuosité de la loi; nous reconnaissons

1. Supp. l'aliénation d'un propre — d'après Pothier, la créance qui en nait
reste propre — c'est seulement lorsque le mari, comme un usufruitier touche
le prix, que l'application des règles sur le quasi-usufruit et non la volonté de
l'époux aliénateur, amène la transformation du droit.
2. V. par ex. Renusson, *des Propres*, ch. 4, sect. 6, n° 8.

encore que l'assignation n'était pas autre chose qu'une
subrogation conventionnelle ; nous remarquons aussi
que quand les premiers arrêts parurent expliquer le
remploi dû a *lege* par une subrogation tacite, une pareille doctrine souleva les plus vives protestations, elle
était contraire à la maxime *in judiciis singularibus*
(v. Charondas, commentaires sur les coutumes de Pé-
ronne, Montdidier St-Quentin) ; la pratique la repoussa :
« On s'en est départi, dit Pocquet de Livonnière, pour
l'intérêt de la femme et à cause des inconvénients. »
(*Fiefs*, l. 3, ch. 5, sect. 3.) Et Rousseau de Lacombe nous
indique tout à la fois le triomphe de l'opinion adverse
et les motifs de ce triomphe, quand il nous dit : « Conquets
ne peuvent être pris pour remploy, il n'y a que la répétition du prix, arrêt du 30 mai 1603, s'il n'est expressément déclaré par le contrat d'aliénation que le prix sera
employé en autres héritages qui seront de pareilles
nature et qualité, et dans le contrat d'acquisition qu'elle
est faite de deniers de l'aliénation, parce que les subro-
gations sont de droit étroit. » (Répertoire v° Remploi.
Consulter sur ce point Esmein, *Revue critique* 1877,
p. 87).

Mais, dit-on, bien que cette théorie ait été momenta-
nément repoussée sous l'empire de raisons plus spé-
cieuses que solides, elle n'a pas tardé à reparaître sous
la forme des prélèvements.

C'est là, ce nous semble, une affirmation à la légère ;
on peut signaler en effet des différences très importantes entre la clause d'assignation et les prélèvements.
L'assignation n'existait qu'au profit de la femme à la
suite de l'aliénation d'un de ses immeubles et ordinairement sur tous les immeubles de la communauté ou du
mari. Tout au contraire le prélèvement est admis au
profit des deux époux, pour toutes les récompenses qui
leur sont dues, sur tous les biens de la communauté en
commençant par les meubles et non sur les biens du
mari.

De ces différences deux surtout sont caractéristiques ;
car la clause d'assignation établissait une véritable su_

brogation, et il est assez naturel d'exiger, pour que cette subrogation ait lieu, d'abord qu'un bien soit sorti du patrimoine, et ensuite qu'il soit remplacé par un bien de même nature.

On a vu d'ailleurs que les inconvénients pratiques avaient fait repousser une théorie permettant à la femme de revendiquer le bien subrogé, au même titre que le bien resté toujours dans son propre patrimoine. On devrait nous indiquer à l'influence de quelles idées, de quels besoins, il faut attribuer la réapparition de cette doctrine sous la forme des prélèvements; non-seulement on ne le fait pas, mais on ne peut même citer un ancien auteur nous indiquant la filiation historique des deux intitutions.

Ici sans doute on nous arrêtera pour nous dire que nous ne tenons aucun compte des passages des jurisconsultes qu'on a cités; nous l'avouons, mais nous sommes intimement convaincu qu'on les a mal interprétés ou qu'ils sont sans autorité.

Ainsi d'abord la citation empruntée à Bacquet peut être facilement écartée : cet auteur s'occupe en effet de la subrogation au point de vue du droit de succession. Il est évident qu'on n'en peut rien conclure pour la question qui nous occupe. Un exemple va rendre ceci sensible : l'art. 747 décide que l'ascendant donateur succède à l'action en reprise que pouvait avoir le donataire; on peut admettre avec certains auteurs que le législateur considère cette action en reprise comme subrogée à la chose donnée par l'ascendant : en conclura-t-on que l'action en reprise présentera le même caractère que l'action par laquelle l'ascendant aurait recouvré la chose donnée, si elle était demeurée en nature? Il y a donc là deux théories qu'il faut bien se garder de confondre et qui ne marchent pas nécessairement l'une avec l'autre.

De même il ne faut pas attacher plus d'importance au passage de Guy-Coquille : « En recourant à la source, dit Dupin (1), j'ai reconnu que l'arrêt de 1567 et l'opinion du judicieux commentateur avaient été mal compris.

1. Conclusions confirmées par arrêt solennel du 16 janv. 1858. D. 58. 1. 14.

L'arrêt dit bien que la femme prendrait ses propres et son douaire sans charge de dettes faites par le mari, mais Guy-Coquille qui approuve l'arrêt, en fixe le sens en renvoyant à l'article 4 de la coutume, où l'on voit qu'il s'agissait de propres immobiliers dont en effet le mari n'avait pas la disposition et qu'il n'avait pu ni grever ni compromettre. »

Quant à l'opinion de Pothier, nous savons déjà qu'elle est contraire à l'ensemble de sa doctrine; les décisions fiscales, rendues le plus souvent en faveur des personnes et en aversion des droits féodaux, sont sans influence sur l'application des règles du droit commun et le texte lui-même, l'hésitation avec laquelle le grand jurisconsulte présente sa manière de voir, l'application hasardée qu'il fait de la maxime romaine, prouvent suffisamment qu'il a voulu donner sous couleur juridique une solution d'équité.

Que dirons-nous enfin du passage de Lebrun, où cet auteur, incidemment, et par une sorte de remarque accidentelle, révélerait subitement le principe de la théorie de la subrogation. Il s'agit de la reprise des deniers propres et tombés en communauté; notre auteur décide que la femme renonçante peut y prétendre pour la totalité; il passe ensuite à la femme qui a accepté sous bénéfice d'inventaire; il décide de même, et pour justifier cette solution, il écrit cette phrase singulière: « En ce cas même, il n'y a pas de confusion, car la reprise n'est pas une dette, mais une distraction, et la fiction imitant la vérité, la femme reprend ses deniers réalisés comme elle fait ses immeubles réels. » Nous y trouvons le même amalgamme d'expressions peu précises et d'idées peu arrêtées que nous avons déjà signalé dans le passage précédent de Pothier. Il ne s'agit pas de deniers ayant conservé leur individualité et restés propres à la femme. La communauté les a consommés; elle est par hypothèse insuffisante. Comment donc la femme pourrait-elle les reprendre, comme elle reprend ses immeubles, c'est-à-dire à titre de propriétaire? Lebrun a voulu simplement expliquer, sans doute, que la femme n'était pas obligée, par son acceptation, de supporter les conséquences de la confusion, et en employant des termes inexacts, il a dit qu'elle conservait entière la propriété de son action en répétition du prix. Ajoutons que si ce passage avait le sens qu'on lui prête, il serait en contradiction avec les décisions que notre auteur a développées et soutenues au cœur même de la matière ; raison de plus pour qu'on n'en tienne pas un bien grand compte.

Et c'est avec ces fragments sans valeur, disséminés au hasard, pleins de sous-entendus et de réticences, que les rédacteurs du Code auraient reconstruit le système de la subrogation ! Est-ce vraiment soutenable, quand on songe que l'intention manifeste des législateurs de 1804 a été de ne rien innover, de s'en rapporter purement et simplement aux précédents, quand on remarque qu'il n'y a eu sur notre chapitre aucune discussion, aucune dissertation importante, et qu'il a été voté presque sans observations ? Mais, nous dit-on, Duveyrier a formellement présenté cette théorie comme trouvant dans le Code une consécration définitive. Où a-t-on vu rien de pareil ? Ce tribun se sert constamment de l'expression action en remploi, mais elle était partout employée dans l'ancien droit comme synonyme d'action en récompense : il a traité des reprises immédiatement après avoir parlé du remploi des art. 1434-35 ; sans doute, mais c'est seulement pour expliquer qu'à défaut de remploi effectué pendant le mariage le mari ne peut faire valoir ses récompenses que sur les biens communs, tandis que la femme peut le faire sur les biens personnels du mari. Lisons d'ailleurs avec attention les paragraphes suivants, et nous y trouverons cette déclaration catégorique : « Si le prix d'un immeuble, personnel à l'un des époux, vendu pendant le mariage, n'a pas été employé à le remplacer par un autre immeuble de même valeur (car le mot remploi ne signifie pas autre chose), il est tout simple que l'époux propriétaire, soit le mari, soit la femme, prélève sur la communauté qui en a profité, le *prix* de son immeuble

vendu. » Et plus loin encore : « Si la femme n'a pas formellement accepté le remploi, il est juste que l'immeuble acheté en remplacement reste au mari, responsable
de son opération, et que la femme reprenne le *prix* de
son immeuble vendu. » (L. cit. n° 28.) Ce qui semble
bien exclure toute idée de subrogation.

On a dit encore (v. Laurent t. 22 n° 532 *in fine*) et avec
raison que, la subrogation étant une fiction, on ne peut
la présumer ; il faut qu'elle soit écrite en termes exprès
dans la loi. On s'est même beaucoup moqué « de cette
incroyable transfusion des substances les plus hétérogènes, de cette vraie métempsychose plus absurde que
l'ancienne transmigration des âmes. On conçoit encore,
ajoutait Dupin, (Dalloz 1858, 1ᵉ partie, 15) que plusieurs
corps soient agités par une même âme, mais la matière
se succédant à elle-même, se transformant ainsi d'elle-
même, cela passe l'imagination. » Sans aller aussi loin,
car c'est déclarer impossible toute subrogation, on peut
faire observer que le Code a statué sur cette matière ;
il a prévu et règlementé le remploi proprement dit.

Pour qu'on puisse l'opposer aux tiers, il l'a entouré
de mesures de garantie ; il exige une déclaration dans
l'acte d'acquisition, une déclaration faite *in continenti*.
Ici au contraire rien de semblable ; le remploi porte à
la dissolution sur les biens que choisit l'époux postérieurement à leur acquisition.

De plus le remploi substitue un bien déterminé à un
autre bien qui est sorti du patrimoine propre. Dans
notre espèce, le remploi plane sur l'ensemble des biens
communs et ce n'est qu'à la dissolution qu'il se fixe par
le choix de l'époux sur des biens déterminés, dans un
ordre réglé d'avance par la loi. Quoi de plus contraire
aux principes qui régissent la matière ! Est-on au moins
forcé par les textes d'admettre d'aussi graves exceptions ?

On l'a prétendu, en invoquant l'art. 1470, qui met sur
la même ligne le prélèvement des propres et le prélèvement des récompenses. J'admets un instant que cet
article soit correctement rédigé, qu'il y ait lieu à un prélèvement des propres existants en nature, mais que peut-

on en conclure? que l'époux qui prélève agit comme propriétaire, mais cela n'est contesté par personne : la seule difficulté consiste à savoir quel est son titre, s'il le trouve dans une subrogation, ou dans sa qualité de copartageant, ou, et ce n'est pas l'art. 1470 qui nous en donnera la clé, dans une dation en paiement. Reste donc l'art. 1435. Mais vraiment qu'importerait encore que nous ne puissions expliquer pourquoi la femme doit accepter le remploi fait par son mari pendant la durée de la communauté ; ce serait sans doute une singularité, et malheureusement elle ne serait pas la seule de notre législation. Cependant il est certain que toutes les théories et celle surtout de l'offre de dation en paiement et de l'offre de subrogation, ont expliqué cette décision dans l'hypothèse la plus normale, celle où la communauté se dissout par la mort d'un des époux, et cela suffit pour justifier le législateur.

Reconnaissons donc que le système de la propriété n'est qu'un échafaudage ingénieux de propositions hasardées, dont on ne peut démontrer l'exactitude, et qui, malgré tous les efforts tentés pour leur donner de la consistance et de la solidité, n'ont pu réunir que les apparences de la vérité.

Réfutation du système de la copropriété. — Ce système soutient que la méthode des prélèvements a pris naissance dans les coutumes peu nombreuses qui ne prohibaient pas les avantages entre époux. En fournit-il la preuve? Nous avons lu avec soin nos anciens auteurs et nous n'y avons rien trouvé qui puisse autoriser cette manière de voir.

On admet que la récompense était considérée comme une créance, parce que c'était une action en répétition du prix fondée sur la voilation de la loi. Mais lors même qu'on ne pouvait invoquer ce motif, les principes ne conduisaient-ils pas à donner une action personnelle fondée sur l'enrichissement sans cause qui s'était produit au profit de la communauté?

Nous ne voyons donc pas que la différence des principes sur lesquels on établissait le fondement de l'action devait amener une différence dans la manière dont on envisageait le caractère juridique de l'action donnée.

Quant aux passages tirés de Duplessis et d'Argou ils ne peuvent fournir un argument bien sérieux. Il est facile de leur en opposer d'autres, qui ne permettent pas de croire que ces auteurs ont voulu donner une portée aussi absolue à leur décision. Ainsi Duplessis reconnaît que la femme a une créance naissant de l'aliénation de ses propres et que cette créance est garantie par l'hypothèque légale. Ainsi encore il décide que la dette de remploi est mobilière, parce qu'elle tend, non à la revendication de la chose vendue, mais à la répétition du prix sur les conquêts.

La citation empruntée à Pelée de Chenonteau est encore moins concluante: rien n'est plus simple que de l'expliquer, en disant que cet auteur a indiqué l'ordre dans lequel se déroulaient d'habitude les opérations de la liquidation, et il est certain que toutes les fois que la communauté est suffisante, ce qui arrive le plus souvent quand la femme accepte, on commence par payer les créanciers; on passe seulement ensuite au règlement des droits respectifs des époux.

Enfin c'est à propos d'une question spéciale que Pothier expose la théorie nouvelle de la distraction et il signale cette opinion comme ayant encore peu de partisans.

Est-il croyable après cela que les rédacteurs du Code aient généralisé une doctrine aussi peu solidement établie et aient par conséquent innové à tant de points de vue, sans en avoir fait la déclaration formelle? Sans doute, on s'autorise d'opinions exprimées par les défenseurs du projet et par le Tribunat lui-même, mais, n'en exagère-t-on pas l'importance? Le Tribunat a bien pu demander qu'on employât des termes différents, suivant qu'un bien entrait définitivement dans la communauté, ou n'y entrait qu'à charge de récompense, sans qu'on puisse trouver là la preuve qu'il entendait faire prévaloir la théorie de la copropriété. De même Duveyrier et Berlier ont pu, comme nous le remar-

quions tout à l'heure, considérer qu'on paierait d'ordinaire les créanciers avant de procéder à la liquidation
proprement dite, sans qu'on soit en droit d'en conclure
que, pour eux, la femme, simple copartageante, passe-
rait pour le réglement des réconpenses après les créanciers de la communauté.

Nous ne croyons donc pas que le système de la copropriété posé en thèse absolue, puisse mieux résis-
ter à l'analyse que le système de la propriété. Aussi
a-t-il réuni dans cette forme peu de partisans; on a été
obligé, pour le soutenir, de le modifier singulièrement
et de lui donner une toute autre base.

SYSTÈME DE PONT ET ESMEIN. — On reconnaît avec
nous qu'on ne peut pas complètement faire abstraction
du droit de créance qui nait, au profit de l'époux titulaire d'une récompense, de l'application des principes
généraux, et on admet que la reprise conserve ce
caractère dans les rapports de celui qui l'exerce avec les
créanciers de la communauté. Cette concession faite, on
soutient qu'à tous autres égards, dans les rapports des
époux entre eux, le prélèvement n'est que l'exercice
d'un droit de copropriété.

Cette manière d'envisager la reprise comme un droit
d'une nature différente suivant qu'on prétend l'exercer
à l'encontre des créanciers ou vis-à-vis de l'autre époux,
nous est imposée par la tradition. Il est certain que nos
anciens auteurs admettent tous que l'époux titulaire
d'une récompense ne peut pas prélever contre les
créanciers communs, que cependant il peut concourir
avec eux pour la moitié de sa créance. Au contraire,
on se place à un point de vue bien différent pour l'autoriser à prélever dans ses rapports avec son conjoint.

La méthode du mi-denier qui avait été la première
admise et qui traitait l'époux titulaire d'une récompense
comme un créancier ordinaire, présentait de graves inconvénients pratiques. En premier lieu, elle ne termi-
nait pas toutes les opérations du partage, puisqu'elle
laissait subsister une créance d'un des époux contre

l'autre ; elle augmentait par là même les risques, puisque l'époux créancier courait les chances de l'insolvabilité de son débiteur : spécialement si la femme avait des créanciers personnels pour une somme importante, le mari pouvait voir son droit à la récompense restreint ou même compromis. Ensuite si l'époux recevait des biens en paiement, les principes conduisaient à voir dans l'opération une *datio in solutum*, acte équipollent à vente, qui donnait lieu à des droits de mutation, ce qui paraissait onéreux. Enfin, la récompense étant traitée comme une dette de communauté, il s'ensuivait logiquement que tous les héritiers, sans distinction, les héritiers aux propres ainsi que les héritiers aux acquêts, devaient y contribuer *pro modo emolumenti;* en conséquence, si la femme, comme cela arrivait fréquemment, avait reçu donation des meubles, elle prenait tout le mobilier, soit comme commune soit comme donataire, puis s'adressait aux héritiers immobiliers du mari pour leur demander l'acquittement d'une part proportionnelle de la dette de reprises. Dans ces deux cas on aboutissait à des résultats qui ne paraissaient pas conformes à l'équité, parce que, si le remploi du propre aliéné avait été effectué pendant le mariage, la communauté aurait été diminuée de la somme nécessaire à l'acquisition, et les héritiers qui auraient pris part dans la communauté n'auraient rien eu à réclamer de ce chef aux héritiers des propres.

Aussi voyons-nous, sous l'empire même de la théorie du mi-denier, des doutes se formuler, des protestations s'élever. En ce qui concerne la situation de la femme donataire des meubles, on ne déduisit pas la conséquence logique des principes : voici en effet ce que nous trouvons dans Louët, lettre 14, n° 2. « Jugé au rapport de M. du Vair, en la cinquième des Enquêtes au procès de Droulins et de Cours que la donation des meubles faite à la femme soit par contrat de mariage, soit autrement s'entend, les conventions matrimoniales préalablement prises sur tous les biens de communauté, le 14 juillet 1587, prononcé le 18 ensuivant. » Et Brodeau nous indique le motif déterminant : « il n'est pas présumable que le mari ait entendu que la femme tire double profit au grand préjudice des héritiers, » et il cite dans le même sens deux autres arrêts du 14 juillet 1598 et du 31 décembre 1605. Seulement quand il veut justifier la doctrine de ces arrêts, il se croit obligé d'appeler à son secours les lois romaines et l'édit *de alterutro* qui n'ont que faire en cette aventure, comme le remarque M. Esmein. La jurisprudence aimait donc mieux sur ce point assurer le respect de l'équité que celui des vrais principes.

En ce qui concerne la contribution à établir dans la dette de reprises entre les héritiers aux propres et les héritiers aux meubles et acquêts, on chercha d'abord à l'écarter, en soutenant que c'était une dette qui ne devait frapper que la communauté et par suite ne devait être supportée que par les héritiers aux meubles et acquêts. « On soutenait, dit Brodeau sur Louët, lettre P, n° 13, que le remploy est proprement une charge réelle de la communauté, de laquelle l'héritier des meubles et acquêts est seul tenu, et non une dette personnelle de la succession, mais on ne pouvait invoquer en faveur de cette manière de voir que l'équité, et comme il n'y avait ni loi ni disposition de coutume qui mit les reprises et remplois des conjoints dans une classe différente des autres dettes de la communauté, elle ne put prévaloir. (v. J. A. Sérieux sur Renusson, Comm. 2ᵉ p., ch. 3, n° 48).

Il fallait donc renoncer à remédier à ces inconvénients si l'on conservait la méthode du mi-denier. Aussi regarda-t-on les choses de plus près et chercha-t-on à faire adopter un autre procédé. Laissons ici la parole à M. Esmein : « L'attribution de la communauté par moitié lors de sa dissolution, était une règle qui remontait à l'époque où le remploi légal n'existait pas, où le prix des propres aliénés tombait irrévocablement dans le fond commun. Et à cette époque elle était parfaitement juste, le droit de chacun des époux devant en principe être toujours égal. Mais lorsque le remploi fut dû a *lege*, il ne fut plus exact de dire uniformément que chacun des époux avait un droit égal dans la communauté. Celui qui avait versé au fond commun une valeur qui ne devait pas y rester, celui-là avait un droit supérieur dans la masse indivise : il n'était donc plus conforme au droit d'en saisir pour moitié chacun des copartageants. Donc plus de division *ipso jure* de l'actif par moitié ; il fallait prélever le montant des reprises comme supplément de part au profit de celui qui y avait droit, et c'est alors seulement qu'on se retrouvait en face de l'ancienne égalité des conjoints. Mais si l'on était autorisé à prélever le montant intégral des reprises, c'est que dans les rapports des époux entre eux elles ne constituaient pas une simple créance. Une créance, les dettes se divisant toujours *ipso jure*, aurait été forcément éteinte pour moitié par confusion : il fallait reconnaitre qu'il y avait dans ce prélèvement l'exercice d'un droit de propriété. Une méthode nouvelle, dite par délibation et détraction se trouvait donc fondée. Nous allons la voir affirmée soit dans son principe, soit dans ses principales conséquences par de nombreuses autorités. Nous l'avons déjà vue enregistrée par Pothier avec une sécheresse empreinte de certains regrets : nous avons signalé plus haut le passage de Duplessis qui la formule avec une grande netteté, passage auquel nous pouvons maintenant restituer son véritable sens, puisque nous savons qu'il n'envisage que les rapports des époux entre eux et non ceux des époux avec les tiers. Nous pouvons citer dans le même sens d'Argou qui n'est pas moins affirmatif (v. *Instit. au droit fr*. t. II. l. 3. ch. 4 in fine) et Ferrière (sur l'art. 253 cout. de Paris n° 13).

Le règlement des récompenses se faisant par des prélèvements, l'épouse titulaire de ces récompenses n'avait plus de risques à courir et ne redoutait plus le concours des créanciers personnels de son conjoint.

Sans difficulté maintenant on décide que les reprises sont un droit mobilier ou immobilier suivant la nature des biens prélevés ; que les reprises doivent tomber uniquement à la charge des héritiers aux meubles et acquêts et que les héritiers aux propres n'ont plus à contribuer

à leur acquittement (on peut consulter en ce sens, De-
nisart, Repert. v° Remploi, et Ferrière, nouveau commentaire sur la cout. de Paris. Duplessis, loc. cit.) Sans
difficulté encore et d'une manière unanime on admet que
les droits de quint ne sont pas dus par la femme qui prélève un conquêt pour se remplir de ses reprises. (Divers
arrêts du parlement de Paris fixèrent la jurisprudence
en ce sens — arrêts des 14 juin 1619 — 30 mars 1621 —
28 mai 1641 — 23 juin 1665 et tous les feudistes s'y ral-
lièrent. Fortin, Richard et Auzanet sur l'art. 5 de la
cout. de Paris, Ferrière sur l'art. 33, Brodeau sur l'art.
80 de la même coutume ; Lamoignon, arrêtés, tit. 32, art.
108 et 109 Pocquet de Livonnière, *Fiefs* l. 3, ch. 5, sect.
2 et l. 4, ch. 3, sect. 5. Guyot. *Traité des fiefs, du droit
de relief*, ch. 5, sect. 2. Prévot de la Jannès, *Principes de
la jurisprudence fr.* t. 1. p. 241, enfin de Fonmaur. *Droits
de quint, lods et ventes*, n° 523. Pothier, *Fiefs*, loc. cit.)

Pour compléter cette argumentation, on s'appuie sur
deux propositions :

*a.* — La reprise n'est pas une créance.

En effet, toute créance suppose un débiteur : quel est
donc, à la dissolution, le débiteur de la reprise ? Serait-
ce la communauté ? mais elle a pris fin, elle a cessé
d'exister. Serait-ce l'autre époux ou ses héritiers ? trois
considérations vont nous prouver qu'une réponse affir-
mative à cette question est inadmissible. Si l'autre époux
était débiteur de la reprise, il n'en serait débiteur que
pour moitié, puisqu'aux termes de l'art. 1482 le passif
de la communauté se répartit à la dissolution pour moitié entre les époux ; mais, l'art. 1470, 2° et 3°, constate que
la reprise s'opère pour la totalité de la récompense. Si
l'autre époux était débiteur pour moitié, il serait tenu
pour moitié sur ses biens personnels : or, s'il est possible de dire que les reprises de la femme possèdent ce
caractère inhérent à toute créance, puisque subsidiairement le mari peut être de ce chef poursuivi sur ses biens
personnels, on est forcé d'avouer que les reprises du
mari ne le possèdent pas, puisqu'il ne peut s'attaquer
qu'aux biens de la communauté. Dira-t-on dès lors,

comme semblait le faire autrefois Rousseau de Lacombe (1), que les reprises de la femme et celles du mari
sont d'une nature différente, les premières constituant
une créance et non les secondes? Enfin si l'autre époux
était débiteur de la reprise, c'est en valeurs personnelles
qu'il pourrait et devrait s'acquitter : or, les art. 1471 et
1472 constatent que les reprises se prennent d'abord sur
les biens communs, quand elles ne s'y prennent pas exclusivement. Ainsi donc, et pour nous résumer, le débiteur de la reprise, ce n'est pas la communauté; ce n'est
pas non plus l'autre époux, — il n'y a pas d'autre alternative, — et si l'on persiste à dire que la reprise est une
créance, il faut avouer que c'est une créance sans débiteur, ce qui semble bien une énormité juridique.

*b.* — Le prélèvement employé par la loi pour régler les
récompenses des époux à la dissolution est absolument
différent des procédés auxquels on a recours de droit
commun pour désintéresser un créancier.

Aux termes de l'art. 2092, le droit conféré au créancier,
c'est le droit de saisir et de faire vendre à son choix les
biens de son débiteur. Le créancier ne se paie pas par
voie d'attribution en nature, et lorsqu'il a un gage,
l'art. 2078 constate que, quelles que soient les conventions intervenues, il ne peut se l'approprier sans autorisation de justice. Tout au contraire l'art. 1471 règle
d'une manière très précise le mode d'opérer les prélèvements; l'époux n'a pas le choix : il doit suivre l'ordre
déterminé par la loi. Bien plus, le prélèvement s'exerce,
non sur le prix provenant de la vente des biens, mais
sur les biens eux-mêmes. Quoi de plus contraire aux
art. 2078 et 2092?

Qu'on n'oppose pas maintenant à ces considérations
décisives l'argument que peut fournir l'art. 1473 ! Sans
doute ce texte décide que les reprises produisent des
intérêts de plein droit à partir de la dissolution de la

1. Après avoir établi que lorsque le mari laisse des héritiers aux propres et
des héritiers aux meubles et acquêts, les reprises de la femme sont supportées
proportionnellement par ces successeurs, cet auteur ajoute : « Mais l'héritier
mobilier de la femme est seul tenu de la moitié du remploi des propres du
mari. » (V. Répert. Vᵒ Dettes).

communauté et ce sont les créances seules qui produisent des intérêts. Mais au point où nous en sommes parvenus, cet article ne saurait nous arrêter. On peut l'entendre du cas où l'époux se trouve en présence des
créanciers communs.

On peut l'expliquer encore comme s'appliquant à l'hypothèse où la femme exerce un recours subsidiaire sur les
biens personnels du mari, conformément à l'art. 1472-2°,
cas auquel nous ne lui dénions nullement la qualité de
créancière, car nous ne voyons nulle part qu'elle puisse
invoquer sur les biens du mari un droit de prélèvement,
tous nos articles supposant au contraire que le prélèvement ne s'exerce que sur les biens communs. Il est vrai
que les expressions dont s'est servi le législateur sont
générales : mais cela prouve tout simplement qu'il a
emprunté cet article aux auteurs de l'ancien droit qui,
s'inspirant des principes du mi-denier, devaient donner
à leur règle une portée absolue.

On termine en faisant remarquer que dans notre législation, cette double formule n'a rien de contradictoire :
le droit se prête assez volontiers à ces complications, à
ces créations juridiques qui sont pour ainsi dire à double
face, comme le Janus des Romains. Nous trouvons plusieurs situations analogues à celle que nous venons de
signaler. Ainsi l'héritier bénéficiaire qui prétend faire valoir une créance contre une succession qu'il a acceptée est
tout à la fois créancier vis-à-vis des créanciers de la
succession, propriétaire vis-à-vis de ses cohéritiers. On
objectera que l'héritier bénéficiaire soutient alors une
double personnalité ; c'est en son nom personnel qu'il
est créancier, c'est comme successeur du défunt qu'il
est copropriétaire, tandis que dans notre hypothèse ce
dédoublement de la personnalité ne parait pas exister,
parce qu'il n'y a pas de séparation des patrimoines.
Mais plaçons-nous en présence d'un préciput stipulé en
faveur de la femme, même pour le cas de renonciation.
Le droit qui appartient à la femme présente précisément
le double caractère que nous assignons au prélèvement
vis-à-vis des créanciers; c'est un simple droit de créance

(art. 1519) vis-à-vis de l'autre époux ou de ses héritiers, c'est un droit à une attribution en nature, et au cas d'acceptation, à un lot plus considérable dans le partage.

Si maintenant nous cherchons à nous rendre compte des raisons qui ont motivé la création de ce droit à double face, nous remarquerons que, dans la matière de la communauté, la tradition nous avertit de ne pas confondre les rapports des époux entre eux et les rapports des époux avec les tiers. Ainsi, par exemple, au regard des tiers le mari est propriétaire exclusif de la communauté, tandis qu'au regard de sa femme il n'est qu'un copropriétaire, ayant reçu de larges pouvoirs d'administration.

*Réfutation.* — Le système que nous venons d'exposer mérite d'être étudié avec la plus grande attention; nous ne nous ferons pas contre lui une arme de la dualité de nature qu'il attribue à la récompense suivant le rapport sous lequel on l'envisage; nous lui concédons que cela est possible en droit, bien qu'à vrai dire nous ne connaissions pas de cas semblables; car, remarquons le bien, on ne peut pas invoquer dans ce système l'analogie du préciput stipulé en cas de renonciation; dans cette hypothèse le préciputaire a tout à la fois un droit de copropriété et un droit de créance, tandis que, dans notre espèce, l'époux titulaire d'une récompense, serait ou créancier ou copropriétaire, suivant qu'il se trouverait en présence des créanciers de la communauté ou de son conjoint.

Toute la question est de savoir si cette théorie a prévalu dans l'ancien droit et si le Code a voulu l'accepter. C'est ce que nous ne croyons pas démontré.

Un premier point certain pour nous, c'est que le prélèvement a existé avant cette manière d'en présenter la théorie. Qu'on relise avec soin le passage de Pothier cité plus haut, qui est en cette matière le texte fondamental, et on verra que ce ne sont pas les prélèvements qui sont nouveaux, mais les principes par lesquels on cherche à en expliquer le fonctionnement. Tenons donc pour assuré qu'on peut admettre le prélèvement sans être obligé d'accepter la théorie qu'en donne ce système.

Un second point qui ne nous parait pas davantage douteux, c'est que les partisans de cette manière de voir dans l'ancien droit ont été peu nombreux. Pothier le dit, et il serait étonnant que cet auteur si précis d'ordinaire, si bien renseigné, eût commis là, comme le dit M. Esmein, par une sorte de mélancolie conservatrice, une grave inexactitude.

Duplessis pose le principe d'après lequel le prélèvement ne serait qu'un allotissement plus fort dans la masse dans le rapport des époux, tout en admettant le concours de l'époux pour ses récompenses et indemnités avec les créanciers de la communauté. Mais reste-t-il bien fidèle à son système, quand il nous dit que la dette de remploi est mobilière, parce qu'elle ne tend qu'à la répétition des prix sur les biens communs. De même Brodeau, (sur l'art. 93 de la cont. de Paris, 2e vol. p. 36) admet bien aussi que la reprise n'est pas une dette, mais une distraction de deniers dont la communauté n'est que dépositaire ; ce qui ne l'empêche pas de considérer l'action en remploi comme mobilière, quelle que soit la nature des biens prélevés.

Argou n'est pas plus précis ; il reconnait que les reprises diminuent de plein droit la part que les époux ont dans la communauté, mais il les appelle des charges. Quant à Denizart et Ferrière, nous ne croyons pas qu'ils puissent être rangés parmi les partisans de l'opinion nouvelle : relisons en effet les passages qu'on invoque : Denizart décide que, quand la femme accepte la communauté, le remploi ne doit porter que sur les héritiers qui succèdent aux biens de la communauté et sur ces mêmes biens parce que, comme il l'a déjà dit, le remploi est une dette de la communauté qui en a profité. Et Ferrière ne donne pas d'autres motifs à l'appui de la même solution : « Puisque le remploi des propres est une dette de la communauté, il s'ensuit que c'est aux héritiers des meubles et acquêts à y contribuer, et que l'héritier aux propres n'en est tenu que subsidiairement, au cas que le fond de la communauté ne suffise pas pour remplacer les propres de la femme. » Il ajoute même, ce qui a une certaine importance: « ce qui doit être observé, que la femme accepte ou renonce ». (Sur la cout. de Paris, art. 232, n° 29, édit. de 1685). En d'autres termes, ces deux auteurs ne font que reproduire une théorie que nous avons déjà vue rapportée par Brodeau sur Louët, et d'après laquelle le remploi serait une charge réelle des biens de la communauté. Cette doctrine conduit bien sur certains points aux mêmes solutions que celle de la copropriété; cependant, et M. Esmein le reconnait lui-même, elle en reste parfaitement distincte.

En ce qui concerne les décisions rendues au point de vue fiscal, elles s'expliquent très bien, sans qu'il soit besoin de recourir au système de la copropriété, par l'idée suivante: le prélèvement est une opération préliminaire au partage, il doit donc jouir des mêmes avantages que le partage proprement dit. La théorie de l'effet déclaratif du partage, comme le remarque Pothier, n'a pas été non plus sans influencer à un autre point de vue la théorie du prélèvement. Quelques auteurs en ont conclu que la reprise serait mobilière ou immobilière, suivant la nature des biens prélevés; mais il ne s'ensuit pas, et nous reviendrons plus tard sur ce point, que ces auteurs aient accepté le système de la copropriété tel qu'on le formule. Enfin, lorsqu'on décide que la donation des meubles faite à la femme ne comprend pas l'action de remploi, il n'y a là le plus souvent, comme l'atteste Lebrun, qu'une interprétation de la volonté des parties.

Pour nous résumer, il résulte de l'étude critique à laquelle nous venons de nous livrer que la théorie de MM. Pont et Esmein n'a jamais été acceptée dans toutes ses conséquences et dogmatiquement professée dans l'ancien droit. On ne lui a trouvé tant d'adhérents qu'en s'attachant plus aux solutions qu'aux motifs qui les avaient dictées, et en ne tenant pas assez compte des controverses qui divisaient les partisans du système de la reprise-créance. Nous savons, de l'aveu même de nos adversaires, qu'en 1804 on n'a pas étudié la question d'une manière spéciale, et qu'on n'a pas cherché à innover dans la matière. Il y a donc tout lieu de croire que l'attention et les préférences ne se sont pas portées sur un système encore en germe, sans coordination et, par conséquent, sans autorité suffisante.

Tenons-nous en donc à la doctrine des jurisconsultes que les rédacteurs du Code consultaient le plus volontiers et dont ils se sont si fréquemment inspirés; pour eux, comme pour Pothier, Bourjon, Renusson, Lebrun, Bacquet, la récompense est une créance et le prélèvement un simple procédé de réglement.

Mais, nous objectera-t-on, comment expliquerez-vous les différences que nous avons signalées entre la reprise et le droit de créance, entre le prélèvement et le réglement d'une créance ordinaire? On a essayé de répondre à cet argument en se fondant sur deux propositions : la communauté est une personne morale, le prélèvement est une dation en paiement.

Justifions d'abord chacune d'elles :

1° La communauté est une personne morale. Tous les articles qui règlent la matière des récompenses mettent en présence les époux d'une part, de l'autre la communauté (V. art. 1433); on ne peut opposer, dit-on, que des choses de même nature, donc la communauté est également une personne distincte.

De plus, la communauté est usufruitière des propres (V. art. 1409, 1413.) Si la communauté n'existe pas comme personne morale, il faut dire que les époux sont tout à la fois nu-propriétaires et usufruitiers, sans qu'il y ait confusion; ce qui semble inadmissible.

On peut encore invoquer l'art. 1489. Cet article suppose que la femme se trouve poursuivie par suite d'une hypothèque constituée par le mari pendant la communauté; or, dit-on, ceci est inexplicable si l'on n'admet pas que la communauté est revêtue de la personnalité; les époux sont copropriétaires des biens communs et leur copropriété remonte au jour où l'immeuble est entré dans le patrimoine de la commuuauté, et, en vertu de l'article 883, la femme sera censée avoir toujours été propriétaire des biens qui lui sont advenus parle partage; il est impossible, dès lors, qu'on puisse lui opposer des droits réels consentis par le mari pendant la communauté, sur des immeubles considérés comme propres. (V. art. 1428).

Enfin, on remarque que cette manière de voir permet seule d'expliquer la terminologie du Code et celle de nos anciens auteurs.

2° Le prélèvement est une dation en paiement. Plusieurs de nos anciens auteurs ont ainsi envisagé le prélèvement et ils emploient fréquemment l'expression : donner à la femme en paiement de ses reprises, au lieu de dire qu'elle prélève. Un créancier *reçoit* ordinairement une dation en paiement, mais on comprend très bien que la loi ait permis de l'exiger dans un esprit d'équité et pour éviter des frais et des formalités.

Ces principes posés, il devient facile de répondre aux objections qu'on nous a faites.

Nous trouvons un débiteur à la créance de reprise : ce débiteur, c'est la communauté, personne morale, qui est censée subsister jusqu'à sa liquidation. L'époux titulaire de la récompense peut poursuivre pour le tout, car la communauté restant débitrice, la créance ne peut s'éteindre pour partie sur sa tête par confusion. L'attribution des biens en nature n'a plus rien qui doive nous surprendre ; elle se fait dans un ordre déterminé parce que la loi a voulu sauvegarder les intérêts en cause ; elle se fait sur les biens de la communauté et non en valeurs personnelles aux époux, puisque c'est la communauté, personne morale, qui est tenue de la dette.

Cette explication a le tort grave de s'appuyer sur deux propositions, qu'il est très difficile de justifier. Non, la communauté n'est pas une personne morale ; non, le prélèvement n'est pas une dation en paiement.

1° La communauté n'est pas une personne morale. Il faut remarquer, en effet, que les sociétés civiles ne sont pas en principe revêtues de la personnalité juridique. (V. I. 1. D. *Quod cuj. univers.* et arg. des art. 1849. 1862. 1863. 529. C. Civ. 69. 6°. Procéd.) Pour accorder cette personnalité, il faut donc un texte exprès et certain; le trouverons-nous dans les articles du Code qu'invoque l'opinion contraire? Pour comprendre la réfutation que nous allons en présenter, il faut partir de cette idée, c'est qu'un même individu peut soutenir plusieurs personnalités différentes, c'est-à-dire jouer plusieurs rôles absolument distincts sur la scène juridique. Appliquons ceci dans les rapports des époux entre eux; nous remarquerons que par le fait même de la mise en communauté d'une partie de leur patrimoine, ils ont des intérêts au point de vue collectif et en leur nom personnel; dès lors ils jouent plusieurs rôles, et la différence qui les sépare empêche la confusion de se produire.

Il est facile de comprendre ainsi que le législateur puisse employer l'expression : la communauté, *brevitatis causâ*, pour désigner les intérêts des époux envisagés au point de vue collectif, et par conséquent, il n'y a rien à conclure de l'adoption d'une semblable formule. Voilà pourquoi on a pu également présenter la communauté comme usufruitière des propres : car la nue-propriété repose sur la tête des époux envisagés comme conservant leurs intérêts individuels, tandis qu'au contraire l'usufruit repose sur la tête des époux envisagés comme communs.

Quant à l'argument déduit de l'art. 1489, il faut répondre que l'art. 883 ne s'applique qu'aux actes faits par le mari en sa qualité de communiste, et non aux actes faits dans l'intérêt de la communauté en sa qualité d'administrateur.

On peut d'ailleurs consulter la tradition, et on verra que nos anciens auteurs n'admettaient pas la personnalité juridique de la communauté. Pothier, notamment, considérait que la copropriété des époux remontait au jour où les biens étaient entrés dans la communauté, ce qui est exclusif de la personnalité morale (v. n° 74, *in fine*).

2° Le prélèvement n'est pas une dation en paiement. Il n'y a qu'une analogie apparente. La dation en paiement se fait par un concours de volontés, par une convention nouvelle entre le créancier et le débiteur; or, dans le cas du prélèvement, c'est une masse qui est débitrice, et une masse qui n'est pas une personne civile et qui n'a plus de représentant. Le prélèvement s'opère par la volonté exclusive de celui qui est créancier, et c'est la loi qui règle l'ordre et le mode d'attribution. Ajoutons, en dernier lieu, que la dation en paiement suppose que le débiteur transfère au créancier la propriété de sa chose ; ici, au contraire, le créancier reçoit une chose dont il est déjà copropriétaire par indivis.

Mais si le prélèvement n'est pas une dation en paiement, qu'est-ce donc? Il faut admettre avec MM. Aubry et Rau, Laurent, Colmet de Santerre que c'est un mode de règlement *sui generis* créé par la pratique et accepté par le Code dans un but d'équité.

On peut considérer que, de même que les sociétés commerciales, personnes morales, sont censées subsister jusqu'à leur liquidation, de même la masse commune qui existe pendant la communauté et qui se distingue des patrimoines personnels des époux, subsiste avec ce caractère jusqu'à sa liquidation.

Mais cette masse, dira-t-on, n'a plus de représentant; comment pourrait-on encore faire valoir une créance contre elle ? Cela se présente dans le cas de succession vacante, et nous ne voyons pas pourquoi le législateur ne l'aurait pas admis dans notre cas. Il est tout naturel dès lors que la confusion ne se produise pas, et que l'époux titulaire d'une récompense puisse la faire valoir toute entière contre la masse.

Il faut remarquer que le conjoint titulaire d'une récompense contre la masse et saisi de celle-ci, peut invoquer contre son conjoint ou les héritiers de celui-ci un droit de rétention.

Quelle que soit l'origine de sa créance, il peut dire à ses copartageants : vous êtes en même temps copartageants et débiteurs de la masse : vous ne pouvez pas scinder ces deux titres, demander comme copartageants à prendre dans la masse commune une part égale à la mienne, et comme débiteurs me renvoyer à exercer les droits d'un créancier ordinaire sur les valeurs placées dans vos lots et vos biens personnels. En procédant ainsi, vous violeriez l'équité, vous me causeriez un grave préjudice en m'exposant à ne venir qu'à contribution.

Aussi est-ce pour éviter cette injustice, que, donnant une large application au principe de la rétention, nos anciens auteurs ont vu dans le fait de la réunion sur la même tête des titres de copartageant et de créancier de la masse, la raison déterminante de l'attribution d'un droit de préférence. Et, remarquons-le bien, ce droit de préférence, ce n'est pas le prélèvement qui le crée, ce sont les principes généraux qui le consacrent; et il en découle cette conséquence importante, c'est que, selon nous, il pourrait être invoqué lors même que l'ayant-droit ne prendrait pas des biens en nature, mais ferait vendre des biens pour être payé en deniers (le droit de rétention n'empêche pas en effet la saisie : dans le cas où elle a lieu, une clause de l'adjudication devra simplement réserver la collocation par préférence du rétenteur).

Ceci posé, on s'explique très bien qu'on ait, par une dérogation aux principes, accordé aux copartageants le droit de s'approprier les biens en nature, au lieu de le traiter comme un rétenteur ordinaire. Il a déjà un droit indivis sur les biens qui sont affectés dans une certaine mesure à sa créance. Dès lors n'est-il pas plus simple de les lui attribuer — par là on évitera des formalités et des frais, sans qu'aucun intérêt en souffre.

Il nous reste maintenant à examiner la nature du prélèvement en cas de rapport.

On n'a jamais soutenu sur ce point un système analogue à celui de la propriété, et cela se comprend facilement, car si l'on admettait l'idée de la subrogation, le cohéritier qui a droit à un rapport ne pourrait prendre la chose prélevée qu'au même titre que celui par lequel il vient au partage, c'est-à-dire comme cohéritier, et non *proprio jure*, en vertu d'un droit de propriété préexistant.

Mais la théorie de la copropriété pourrait être présentée et nous pensons bien que telle est l'opinion de M. Folleville (l. cit.). Pour appuyer cette manière de voir, on dirait que le législateur par le rapport s'est proposé simplement de faire obtenir aux cohéritiers de celui qui a été avantagé par le *de cujus*, tout ce à quoi il aurait eu droit si les biens sujets au rapport se trouvaient encore dans la succession ; qu'auraient-ils eu en ce cas ? une part plus forte, un lot plus considérable, donc c'est comme copropriétaires ayant droit à un allotissement plus important, qu'ils exerceront leurs prélèvements.

Nous croyons devoir repousser cette manière de voir. — 1° l'art. 831 décide que les prélèvements se prennent avant la formation des lots ; le prélèvement n'est donc pas un partage proprement dit, mais une opération qui le précède et qui le prépare. — 2° le rapport qui a pour objet de maintenir l'égalité entre les cohéritiers, est fondé sur l'intention présumée du *de cujus* — quand celui-ci n'a pas disposé avec dispense de rapport, il est censé n'avoir voulu faire qu'une avance sur sa succession, qu'un avancement d'hoirie. — Dès lors, la loi ne pouvait procéder que de deux manières : ou le *de cujus* avait entendu soumettre au rapport le bien lui-même, et, pour se conformer à ses intentions, il suffisait d'affecter la donation d'une condition résolutoire ; ou le *de cujus* avait eu l'intention de faire rapporter, non le bien lui-même, mais une valeur correspondante ; dans ce cas, on ne pouvait faire naitre qu'une simple créance au profit des cohéritiers autres que le donataire — C'est précisément ce qui se réalise dans l'hypothèse d'un rapport en moins prenant.

3° Enfin le langage du Code, conforme en cela à la tradition et aux expressions employées par nos anciens auteurs, prouve que l'ouverture de la succession fait bien naitre, sur la tête des héritiers autres que le do-

nataire, une véritable créance. Citons l'art. 857 : le rapport n'est dû que par le cohéritier à son cohéritier ;
l'art. 860 ; en cas d'aliénation, le rapport n'est dû que de
la valeur de l'immeuble au jour de l'ouverture de la succession ; l'art. 856 : les fruits et les intérêts des choses
sujettes à rapport ne sont dûs qu'à compter de l'ouverture de la succession — enfin les art 851 et
854.

Nous expliquerons donc le prélèvement de l'art. 830,
comme celui des art. 1470 et suiv.


RÉSUMÉ ET CONSÉQUENCES. — L'examen auquel nous
venons de nous livrer nous permet de poser en principe
que, dans les cas prévus par le Code, le prélèvement
se présente à nous comme un mode *sui generis* de régler les droits de créance entre copartageants.

Indiquons-en tout de suite une conséquence. — Quel
est le caractère qu'on doit assigner au droit de reprise ?

Si nous avions admis le système de la propriété ou
celui de la copropriété, nous aurions dû décider que le
droit serait mobilier ou immobilier, suivant la nature
des biens prélevés.

Pour nous au contraire, comme le prélèvement n'est
qu'un mode de règlement, de paiement, il ne peut influer sur la nature du droit qu'il sert à éteindre ; pour
caractériser en effet un droit de créance, on ne doit pas
s'attacher à la manière dont il se réalise, mais à la chose
qu'il tend naturellement à procurer. Or ce qui est dû, ce
qui est *in obligatione*, c'est de l'argent, c'est une chose
mobilière, et par conséquent le droit est mobilier « *Jus
est mobile quod tendit ad mobile.* »

En vain essaierait-on de présenter le créancier de la
récompense comme créancier de deux choses sous une
alternative, des deniers s'il réclame son paiement en
argent, et des valeurs mobilières ou immobilières, s'il
prélève. Il n'y a ici qu'une seule chose *in obligatione*, le
paiement en argent de la créance — le prélèvement,
nous n'avons pas besoin de revenir sur ce point, n'étant

qu'un mode de paiement plus avantageux institué en faveur du copartageant.

L'ancien droit s'était d'ailleurs formellement prononcé en notre sens : on peut consulter Charondas, sur l'art. 232 de la cout. de Paris, rép. 60 — Ferrières, dans sa préface sur le même article : Ricard (sur Forten, art. 232, cout. de Paris) ; Brodeau (sur Louët, lettre R, n° 30) ; Bacquet (*Traité des droits de justice*, ch. 21, n° 307) ; Duplessis (l. 2, sect. 2, p. 450) ; Renusson (*Des propres*, ch. 4, sect. 6, n° 3) ; Lebrun (comm. l. 3. ch. 2, sect. 1, dist. 2, n° 97) ; Pothier (succ. ch. 5, art. 2, p. 1) ; Bourjon, t. X. p. 6, ch. 2, sect. 5, n° 70, Merlin, v° Legs, sect. 4. p. 2, n° 4.

La jurisprudence suivait les mêmes doctrines (v. arrêt solennel du Châtelet en date du 14 août 1591 rapporté par Bacquet et deux arrêts de la même juridiction en date du 20 janvier 1711 et du 4 mars 1745 rapportés par Denizart (v° dot. n° 49).

Par suite nous admettrons que le droit de reprise doit être attribué au légataire des meubles, et que si celui qui a un droit de reprise dans une première communauté se remarie sous le régime de la communauté légale, ce droit de reprise tombera dans l'actif de la nouvelle communauté, encore que le prélèvement ait porté sur des immeubles.

N'avons-nous pas à redouter une objection déduite de l'art. 883 ? Non, car cet article ne règle pas les rapports des ayant-cause du même copartageant.

Notre solution n'est-elle pas contraire à l'intention présumée du testateur ? Il nous semble que celui-ci peut avoir envisagé la créance de reprise aussi bien *in abstracto* qu'*in concreto* ; n'ayant pas fait de disposition expresse, il n'a pas dû penser que le mode de règlement influerait sur l'attribution du droit. Quoiqu'il en soit, ce n'est pas d'après la volonté présumée du *de cujus* qu'il faut se guider pour savoir si tel bien doit ou non appartenir au légataire des meubles.

Les théories de la propriété et de la copropriété n'aboutissent pas au même résultat ; pour elles, c'est tou-

jours la nature des biens prélevés qui détermine la part
qu'y prennent les divers successeurs (v. sur ces points
Rejet, 2 juin 1862; Dalloz, 62, 1, 420).

Nous n'avons plus, pour terminer sur la nature juridique du prélèvement, qu'à remarquer que cette opération est liée très intimement au partage qu'elle a pour
but de préparer. C'est pour cela que le législateur en a
traité dans la matière de la communauté par exemple,
sous la rubrique du partage de la communauté. Nos
anciens auteurs, du reste, n'ont jamais procédé autrement.

## CHAPITRE II.

### Des conditions du prélèvement.

Dans la longue discussion à laquelle nous venons de
nous livrer sur la nature du prélèvement, nous n'avons
fait ressortir qu'à un seul point de vue l'intérêt pratique
qu'il y avait à adopter tel ou tel système. En entrant
dans le détail de l'institution, nous allons en signaler
d'autres non moins importants. Pour nous guider dans
notre étude sur ces divers points, nous aurons les décisions de la loi dans les cas expressément prévus par elle,
les principes que nous avons posés et les solutions de
l'ancien droit.

Le prélèvement nous apparaît dans la loi comme fonc-
tionnant dans certains cas particuliers : il faut rechercher
si l'on ne doit pas en généraliser l'application, et si tout
copartageant ne peut pas y recourir pour toute créance.

L'attribution en nature à laquelle il donne lieu repose
sur une idée de rétention; il faudra nous demander
contre quelles personnes ce droit de rétention existe et
à qui il est opposable.

Enfin il importe de connaître quelle est la capacité requise pour prélever et quelles fins de non-recevoir on peut y opposer.

### § 1er. — *Tout copartageant peut-il prélever ?*

Voyons d'abord quels sont les copartageants que la loi autorise expressément à prélever.

En premier lieu, nous trouvons les cohéritiers (art. 830). Nous savons qu'il ne faut entendre par là que les successeurs *ab intestat*, et non, comme cela arrive si souvent, tous ceux qui viennent à un titre quelconque recueillir une partie *aliquote* de l'universalité héréditaire (v. Demolombe, *Success.*, t. IV, nos 172 et suiv.).

Ensuite les époux communs en biens (art. 1470 et suiv.). On a cependant contesté cette solution en ce qui concerne le mari. M. Colmet de Santerre (sur l'art. 1471), enseigne qu'il n'a pas le droit de prélever. Etudions, dit-il, avec soin le texte de l'art. 1471. Le législateur commence par décider que les prélèvements de la femme s'exerceront avant ceux du mari, puis il règle le mode de les opérer. « Ils s'exerceront d'abord sur l'argent comptant, etc. » Le mot « ils » ne se rapporte grammaticalement qu'aux prélèvements de la femme dont traite le premier alinéa. D'ailleurs Pothier (Comm. n° 702), donnait au mari le même droit qu'à la femme par deux phrases séparées, qui se suivent comme les articles 1471-1472. La reproduction de la première phrase et l'omission de la seconde ne peuvent guère être attribuées à une négligence; on devrait plutôt en conclure que les rédacteurs du Code ont voulu, contrairement à la solution de Pothier, réserver à la femme seule le bénéfice des prélèvements.

L'opinion contraire est généralement suivie : le Code aime, comme le remarque M. Laurent, à éviter les répétitions; il le fait quelquefois au mépris des règles de la grammaire, et dans le cas particulier, pour alléger la phrase, il l'a rendue obscure. Au lieu de dire « les pré-

lèvements du mari et ceux de la femme » le législateur
a préféré se servir par abréviation du pronom « ils » car
on ne peut avoir de doutes sur sa véritable pensée;
l'ordre des idées suivi dans nos textes manifeste assez
clairement son intention. Aux termes de l'art. 1470,
chaque époux prélève sur la masse commune le prix de
ses propres aliénés et ses indemnités; prélever, c'est
prendre des biens en nature. Voilà donc le principe
posé. L'article 1471 vient ensuite déterminer les biens
sur lesquels portera successivement le prélèvement; il
ne peut donc déroger à la disposition générale dont il
règlemente seulement l'application.

En dehors de ces cas, que devons-nous décider?

Une première induction qu'on peut tirer des textes,
c'est que le législateur n'admet le prélèvement que
quand il s'agit du partage d'une masse *indivise*, et non
du partage d'objets individuellement considérés *ut sin-
guli*. Nous verrons bientôt en effet que, dans ce dernier
cas, on ne pourrait pas appliquer les règles posées par
les articles du Code sur le mode d'opérer les prélèvements.

La question se ramène donc à savoir si l'on doit généraliser la méthode des prélèvements et la faire fonctionner dans toutes les hypothèses où l'un des ayant-droit
est en même temps copartageant et créancier de la masse
à partager.

La réponse à cette question sera certainement différente, suivant l'idée qu'on se fera du prélèvement. Si
l'on admet que c'est un remploi légal, comme la subrogation est de droit strict, qu'elle a besoin de s'appuyer
sur un texte et qu'on n'en peut citer aucun en dehors de
ceux que nous venons de commenter, il faudra certainement restreindre le prélèvement aux hypothèses expressément prévues.

Au contraire, les partisans du système de la copropriété, qui voient dans le prélèvement un partage véritable, l'autoriseront sans hésiter en matière de société
sur le fondement de l'art. 1872; peut-être même trouve-
ront-ils dans ce texte la preuve que le législateur a voulu

donner à cette institution une portée aussi large que possible.

Pour nous, la théorie que nous avons acceptée nous place en présence d'une objection de principe sérieuse. Il est exceptionnel, en effet, qu'un créancier puisse s'approprier en nature les biens de son débiteur ; le silence de la loi, dans des hypothèses, quelque rapprochées qu'elles soient de celles qui ont été prévues, ne doit-il pas s'interpréter dans le sens du maintien des principes généraux, et non pas comme manifestant la volonté d'étendre une disposition exorbitante ? Nous pensons cependant que tout copartageant peut invoquer le droit au prélèvement. Les motifs, qui ont fait accorder cet avantage aux cohéritiers et aux époux, se présentant avec la même force dans tous les cas où l'un des copartageants est créancier par rapport à la masse.

L'équité n'exige-t-elle pas, aussi bien en matière de société qu'en matière de communauté, aussi bien pour les successions testamentaires que pour les hérédités *ab intestat*, que le copartageant débiteur de la masse ne puisse pas scinder à son gré les deux qualités réunies sur sa tête, et n'ait pas la faculté de demander comme copropriétaire à venir au partage avant de s'être libéré comme débiteur ? N'importe-t-il pas également d'empêcher les frais qu'occasionneraient les poursuites, la vente des biens, et n'est-il pas nécessaire de respecter partout l'intérêt légitime du copropriétaire s'attachant aux biens sur lesquels portent ses droits indivis et demandant à les conserver en nature ?

La tradition doit d'ailleurs nous servir de guide dans la matière ; et il nous paraît certain que la tendance de nos anciens auteurs, bien qu'ils ne s'en soient pas tous formellement expliqués, était de donner une grande extension au procédé si favorable des prélèvements. (V. Pothier, dans la mat. *du Partage des Sociétés*.)

Le Code n'a pas modifié ces principes ; pour lui, comme nous l'avons déjà dit, le prélèvement est une opération tellement liée au partage qu'il fait, pour ainsi dire, corps avec lui, et il n'est pas douteux que les règles concernant le partage en matière de succession et de communauté s'appliquent dans tous les cas où il existe une masse indivise, comme en fait foi l'art. 1872 pour la matière des société.

Mais si nous admettons que tout copartageant peut, quand il est titulaire d'une créance contre la masse, prétendre au prélèvement, nous n'allons pas plus loin et nous ne croyons pas qu'il suffise d'avoir été copropriétaire. La question s'est posée pour la femme commune en biens, lorsqu'elle a renoncé à la communauté.

Le système de la propriété a considéré que la femme pouvait, nonobstant sa renonciation, invoquer le remploi légal ; il y était, en effet, logiquement conduit par les principes qu'il avait posés. Au cas de renonciation comme au cas d'acceptation, il importerait également d'assurer le respect des conventions matrimoniales, d'empêcher que le mari ne pût, par une mauvaise administration, compromettre le patrimoine propre de sa femme. D'ailleurs, la clause d'assignation qui, pour les partisans de cette théorie, était l'origine et la source historique des prélèvements, était stipulée, le plus souvent, d'une manière générale, sans qu'on se préoccupât du parti que la femme pourrait prendre à la dissolution ; et le texte de l'art. 1494 qui détermine le droit de reprise après renonciation à la communauté, ne paraissait-il pas littéralement copié sur l'art. 1470, ce qui impliquait bien l'identité des deux situations ; enfin, on faisait remarquer que la femme n'ayant pas à se prévaloir, pour prélever, à titre de propriétaire, de sa qualité de femme commune, n'avait à redouter aucune objection déduite contre elle de sa reciation et de l'art. 1492.

· Cependant cette opinion n'a pas tardé à être abandonnée : on pouvait lui opposer avec trop d'avantage deux ordres d'arguments.

1° La tradition. — Nos anciens auteurs s'accordent en effet pour refuser à la femme renonçante le droit de prélever. Jamais ils ne traitent du prélèvement que dans la matière du partage, et ceux mêmes qu'on a pu considérer comme trouvant dans la reprise autre chose qu'un droit de créance, lui reconnaissent cependant ce caractère dans le cas où la femme renonce. Citons Duplessis : « Quand la femme renonce, les reprises sont de véritables dettes qui portent sur tous les biens indistinctement et auxquels chacun des héritiers doit contribuer (Comm. l. 2, ch. 4, sect. 3, *in fine*) »; Argou, qui atteste également que la récompense de la femme renonçante n'est qu'une créance ordinaire (l. 3, ch. 4, *in fine*); Lebrun, (l. 3, ch. 2, sect. 2, dist. 4); Auroux des Pommiers (sur la cout. de Bourbonnais); Coquille (sur l'art. 14 de la cout. du Nivernais, ch. 23) ; Bourjon, (7ᵉ partie, ch. 2, sect. 2) enfin Pothier (nᵒˢ 701 et suiv. Comm.)

2° Le Code civil serait-il revenu sur cette manière de concevoir le droit de la femme renonçante ? pour se convaincre du contraire, il n'y a qu'à parcourir les discours de Berlier et Duveyrier, orateurs du gouvernement : « Au cas de renonciation, dit Berlier (Locré. t. XIII, p. 270, n° 24), tout se réduit de la part de la femme à poursuivre la reprise de ses biens personnels, s'ils existent en nature, ou de leur valeur, s'ils ont été aliénés et des indemnités qui peuvent lui être dues. » Et Duveyrier s'exprime dans le même sens : « Les effets de la renonciation sont simples : la femme devient étrangère à la communauté, aux biens qui la composent, comme aux dettes dont elle est chargée — elle reprend sur les biens communs ou sur ceux du mari, si le remploi n'a pas été effectué, le prix des immeubles vendus et le montant de ses indemnités (Locré, V. 13, p. 301) ».

Ainsi, il n'est plus question de prélèvements ; tous les droits de la femme sur la communauté se sont éteints par sa renonciation, et elle ne peut plus agir sur les biens qui faisaient autrefois partie de cette communauté que comme elle peut poursuivre les propres du mari, c'est-à-dire comme un créancier ordinaire.

Les textes du Code confirment cette interprétation ; il est inexact de dire que l'art. 1493 est calqué sur l'article 1470 ; il y a, au contraire, une différence de rédaction très caractéristique ; en effet, au lieu du mot prélever, qui a un sens défini et précisé par l'art. 1471, on a employé l'expression bien plus large de reprendre ; nous disons bien plus générale, car nous la voyons désigner, dans l'art. 1495, l'action par laquelle la femme poursuit les propres du mari, action qui, de l'aveu de tout le monde, ne peut aboutir à un prélèvement.

Enfin, nous avons vu qu'il est inexact de prétendre que la femme, pour prélever, n'ait pas besoin de se prévaloir de son titre de femme commune ; c'est, au contraire cette qualité de copropriétaire qui a fait introduire en sa faveur la méthode des prélèvements. Il est donc tout naturel que la renonciation lui fasse perdre cet avantage.

Un auteur, M. de Folleville, partisan de la thèse de la copropriété absolue, s'est placé sur un tout autre terrain pour permettre à la femme renonçante de recourir au prélèvement. Il s'appuie sur un passage de Pothier, déjà cité, pour poser en principe que la renonciation ne détruit pas, dans le passé, les conséquences de l'association. La femme avait, dit-il, un double droit, un droit à un préciput, un droit à un partage pour moitié des autres biens de la masse commune ; la renonciation ne porte que sur le dernier de ces droits ; elle ne modifie nullement l'étendue du premier ni le titre auquel la femme le prétend.

Cette argumentation n'a pas trouvé faveur. Pothier lui-même, dont on exagère la pensée en généralisant une solution qu'il ne donne qu'au point de vue du fisc, examinant, dans son *Traité des successions* (l. cit., ch. 5.), les conséquences de la doctrine nouvelle qui considère les prélèvements comme l'exercice d'un droit plus fort dans la masse, décide expressément que, dans cette opinion, il ne faut pas appliquer, au cas de renonciation, les mêmes principes que dans l'hypothèse de l'acceptation, et nous avons signalé plus haut les passages de Duplessis et d'Argou qui confirment cette manière de voir. De nos jours, en présence du texte si formel de l'art. 1492, qui fait perdre à la femme renonçante toute espèce de droit sur la communauté, en présence des déclarations si catégoriques des orateurs du gouvernement qui ont commenté cette disposition, c'est a *fortiori* qu'il faut repousser la distinction subtile proposée par M. de Folleville.

## § 2. — *Tout copartageant peut-il prélever pour toute créance?*

Examinons d'abord les cas prévus par la loi.

1° L'art. 1471 dispose que « pour les biens qui n'existent plus en nature, le prélèvement se fera dans un ordre déterminé. » En doit-on conclure qu'on ne peut recourir à ce mode de règlement qu'autant que la créance, qu'on fait valoir, a pour cause l'aliénation ou la transformation d'un propre, et qu'il faut distinguer de ce chef entre les récompenses et les indemnités? Ce serait assez rationnel dans le système de la propriété ou dans celui de la copropriété ; on comprendrait très bien en se plaçant à l'un ou à l'autre point de vue, que le législateur n'admit une subrogation on n'accordât un préciput, qu'autant qu'une valeur serait passée du patrimoine propre dans la communauté.

Une semblable interprétation serait condamnée par l'art. 1470 qui pose le principe du droit au prélèvement, aussi bien pour les indemnités que pour les récompenses, et ce n'est pas dans l'art. 1471, qui n'a d'autre objet que de fixer le mode d'exercice du droit préalablement accordé, qu'il faut chercher une dérogation à ce principe.

Nous pouvons faire remarquer en passant que l'absence de toute distinction dans la loi entre les récompenses et les indemnités, est un argument de plus en faveur du système que nous avons adopté sur la nature du prélèvement.

Aux termes de l'art. 830, le prélèvement est le mode d'opérer le rapport en moins prenant ; il a lieu quand le rapport n'est pas fait en nature. On donnera à ce texte une importance plus ou moins grande, suivant la théorie qu'on acceptera sur le rapport des dettes.

En dehors de l'application de ces deux textes, que devons-nous décider? La question ne se pose pas pour le système de la propriété; nous avons pensé que la théorie de la copropriété serait amenée à distinguer entre les récompenses proprement dites et les indemnités. Quant à nous, les principes que nous avons développés dans le précédent chapitre nous font décider que le prélèvement pourra fonctionner toutes les fois que l'un des ayant-droit sera créancier de la masse, quelle que puisse être d'ailleurs la cause de sa créance. Nous avons vu, en effet, que l'idée à laquelle on s'était arrêté pour admettre l'institution du prélèvement, c'est la nécessité d'empêcher les copartageants de souffrir de l'insolvabilité de celui d'entre eux, qui voudrait venir au partage sans tenir compte de ce qu'il doit à la masse; or, cet inconvénient se présente, quelle que soit la cause de la créance et, à ce point de vue, il n'y a pas d'exception à faire.

On nous objectera, sans doute, que nous donnons au rapport des dettes une trop grande portée et que nous avons le tort de généraliser une théorie spéciale à la matière des successions *ab intestat*? Autre chose est le rapport des dettes proprement dit, autre chose le droit de prélèvement que nous accordons au copartageant, créancier de la masse, sur le fondement d'un droit de rétention. En effet, dans le cas de rapport de dettes, il naît une obligation nouvelle à la charge du cohéritier débiteur de la succession et cette obligation nouvelle produit des conséquences importantes et notamment à certains égards, une véritable novation. Rien de semblable dans notre théorie; l'obligation ancienne subsiste seule, mais elle est sanctionnée par l'attribution d'un droit de rétention au profit du créancier.

Mais pour que notre principe s'applique il faut, bien entendu que la créance dont il s'agit soit bien une créance contre la masse: autrement on ne léserait pas le droit du copartageant en demandant le partage de cette massse par égales portions — Supp. par ce que Pierre, après avoir prêté de l'argent à Paul, soit institué conjointement avec lui légataire universel par un tiers ; nous ne pouvons autoriser Pierre à prélever avant tout partage le montant de la créance, parceque'il ne peut dans ce cas invoquer la rétention.

### § 3. — *Contre qui peut-on prélever ?*

Les personnes intéressées à s'opposer au prélèvement, sont forcément ou bien d'autres copartageants, qui préfèrent payer la dette plutôt que de voir retirer de la masse des biens auxquels ils sont attachés, ou encore des créanciers saisissants, créanciers personnels ou créanciers de la masse, qui veulent éviter la perte d'une partie de leur gage, ou enfin des ayant cause auxquels d'autres copartageants ont cédé leur part indivise dans la masse ou des droits indivis dans des objets déterminés — Plaçons-nous successivement en présence de ces personnes et voyons si leur prétention est fondée.

1° Nous suivons toujours la même méthode et nous nous demandons si les art. 1470 et suiv. permettent à l'époux défendeur ou à ses héritiers d'empêcher le prélèvement, en offrant de payer en argent la moitié de la créance ou même en faisant vendre des biens jusqu'à due concurrence. La question ne se pose, bien entendu que pour ceux qui considèrent avec nous que le titulaire de la récompense en est créancier au regard de son conjoint ; danr les autres théories, on ne peut même discuter une pareille offre, qui ne serait qu'une tentative impossible d'expropriation pour cause d'utilité privée.

On a soutenu qu'on pouvait toujours empêcher le pcélèvement, parce qu'un créancier ne peut se plaindre, quand on lui donne ce à quoi il a droit, c. a. d. de l'argent. N'est-ce pas se placer sur un mauvais terrain ? Nos articles ne disent pas du tout que le procédé de l'attribution en nature n'est qu'un moyen subsidiaire ; ils font du prélèvement un droit pour le titulaire de la récompense, et ce droit serait dérisoire, s'il était complètement à la merci de l'autre époux ou de ses héritiers MM. Aubry et Rau font un autre raisonnement (A. et R., t. V. p. 511 note 26) le prélèvement, disent-ils, est facultatif pour celui qui le demande, donc il doit l'être aussi pour celui contre lequel on veut l'invoquer. Il n'y a pas pas corrélation nécessaire entre les deux propositions; la loi peut très bien faire du prélèvement un avantage au profit du copartageant créancier. Enfin nous avons à redouter dans notre manière de voir une dernière objection. On peut toujours, nous dit-on, déposséder en le payant le rétenteur de son gage. Nous répondrons qu'en matière de partage de masse indivise, le droit de rétention se présente sous une forme à certains égards exceptionnelle ; nous avons vu en effet qu'on permettait dans ce cas aux rétenteurs de s'approprier des biens en nature. Quoi d'étonnant dès lors à ce que cette dérogation en ait amené une autre, et que les considérations exposées précédemment, sur lesquelles nous n'avons plus à revenir, aient entraîné à décider qu'une offre de deniers ne pourrait faire perdre au copartageant créancier l'avantage qu'on voulait lui accorder?

L'ancien droit paraît d'ailleurs fixé en ce sens ; nous ne connaissons aucun auteur qui ait admis que le prélèvement est subordonné à l'accord des parties.

En matière de succession et au point de vue de l'art. 830, nous donnerons la même solution, d'abord parce que ce texte est rédigé impérativement comme l'art. 1471, ensuite parce que l'égalité exige que chacun des ayant droit puisse obtenir ce à quoi il a droit en effets de la succession.

Que décider en dehors de ces hypothèses? Les motifs que nous avons donnés pour justifier le prélèvement vont encore nous servir de guide; puisqu'il a été introduit pour éviter des formalités et des frais, il ne faut pas laisser les autres copartageants maîtres d'obtenir quand même la vente des biens ; puisqu'on s'est proposé de respecter l'intérêt d'affection que le copartageant créancier peut avoir pour les effets de la masse, il ne faut pas autoriser l'offre de deniers par laquelle les autres copartageants chercheraient à entraver son action.

2° Le copartageant créancier se trouve en présence de créanciers personnels des autres copartageants.

En matière de communauté, le conflit ne peut pas exister pour la théorie de la propriété, puisque l'époux reprend les biens prélevés *nomine proprio*, comme s'il en avait toujours été propriétaire.

Pour le système de la copropriété, soit en matière de communauté, soit en matière de succession *ab intestat*, soit dans les autres cas, au regard des créanciers personnels des autres ayant-droit, le copartageant titulaire d'une reprise n'est pas créancier; il n'y a donc pas non plus de conflit possible.

Mais dans notre système, qui reconnaît au copartageant le titre de créancier pour ses récompenses et indemnités, ne doit-on pas simplement l'admettre à contribution avec les créanciers personnels des autres copartageants? Il faut, pour répondre à cette question, examiner si le droit de rétention que nous reconnaissons au copartageant demandeur est opposable aux créanciers personnels des autres copartageants. Pour établir un privilège, dit-on, il faut un texte, et ce texte n'existe pas dans la matière. Nous répondrons que le droit de rétention a son principe posé dans la loi, et que l'examen des textes qui en font l'application conduit à le généraliser; que de plus les art. 1470 et 830 ne distinguent pas, suivant qu'il s'agit de faire valoir le prélèvement contre des copartageants ou contre leurs créanciers personnels, et que la tradition est fixée en ce sens, puisque le procédé du prélèvement a été surtout imaginé pour soustraire le copartageant créancier de la masse au concours des créanciers personnels de ses copartageants.

3° Supposons maintenant que l'un des copartageants défendeurs ait cédé sa part indivise dans la masse à un tiers. Le copartageant titulaire d'une récompense pourra-t-il prélever contre ce tiers?

Ecartons d'abord le système de la propriété, qui n'a

rien à voir en cette affaire. Dans le système de la copropriété, on dira que le tiers est mis aux lieu et place de son cédant et qu'il ne peut avoir d'autres droits que lui. Nous sommes en présence d'une cession de part indivise ; l'objet de la cession n'est donc pas déterminé, il ne peut l'être que par les prélèvements et le partage subséquent (v. en ce sens Rejet, 6 novembre 1851. Dalloz, 62. 1. 167). Pour nous, l'objection se présentera sous la forme suivante : on niera le caractère réel de la rétention ; nous répondrons que les principes conduisent à traiter le concessionnaire comme le cédant. La rétention peut être opposée à tous ceux qui causeraient au copartageant le préjudice qu'on a voulu lui éviter par l'attribution de ce droit.

La solution serait-elle différente si nous supposions que l'un des copartageants défendeurs a cédé sa part indivise dans un des biens de la masse, et que ce soit précisément sur ce bien que le copartageant créancier veuille faire porter son prélèvement ? La théorie de la copropriété se prévaudra ici de l'art. 883, qui a précisément pour but de faire tomber les droits réels consentis pendant l'indivision par un des copartageants, lorsque le bien sur lequel le droit réel a été concédé, n'est pas placé dans son lot. Mais nous aussi, nous pourrons invoquer cet article, si nous admettons que le prélèvement est une opération tellement liée au partage qu'on peut lui appliquer la disposition qui est faite expressément pour le partage proprement dit. Nous dirons de plus que le droit de rétention serait également opposable au cessionnaire pour les mêmes motifs que ceux par nous donnés précédemment.

4° Plaçons-nous en dernier lieu en face des créanciers de la masse. — Et d'abord les époux communs en biens peuvent-ils prélever à l'encontre des créanciers sociaux pour se couvrir de leurs récompenses ?

Pour le mari, cela ne présente pas d'intérêt, puisqu'il est tenu, sur tous ses biens des dettes de communauté ; mais cela en présente un considérable pour la femme, orsqu'elle peut invoquer le bénéfice d'émolumen t.

Le système de la propriété a prétendu que la femme pouvait obtenir contre les créanciers communs saisissants la distraction des biens qu'elle entendait prélever ; en effet, ces biens sont censés lui avoir toujours appartenu par suite d'un remploi légal ; ils n'ont donc jamais constitué le gage des créanciers communs.

Nous n'avons plus à réfuter ce système ; montrons-en seulement les inconvénients pratiques. Comme le disait ingénieusement Dupin, la reprise deviendrait alors une véritable surprise. — En donnant au mari les pouvoirs d'un chef de communauté, la femme lui a donné du crédit ; sa confiance a amené la confiance des tiers qui ont cru avoir pour gage les biens communs ; elle tromperait donc les tiers, sans que ceux-ci en aient pu être avertis, puisque le remploi légal ne serait pas entouré des formalités protectrices des art. 1434-35. Ainsi que le remarque M. Colmet de Santerre, le mal naîtrait alors du mal, et les tiers prudents exigeraient toujours l'engagement de la femme pour traiter avec le mari.

Dans le système de la copropriété absolue, on arrive à un résultat tout à fait opposé. Le prélèvement n'est que l'attribution d'une part plus forte dans la masse, et il n'y a de part que déduction faite des dettes. D'où l'on conclut que la femme est primée sur les biens communs par les créanciers sociaux, et qu'elle ne peut prélever qu'après que les créanciers ont été satisfaits.

Nous devons faire à ce sujet la même réflexion que précédemment ; cette solution n'est pas plus pratique que celle du système de la copropriété. Seulement tout à l'heure on avantageait trop la femme, maintenant on méconnaît ses droits les plus légitimes, et pour respecter trop scrupuleusement les intérêts des tiers, on lui crée une situation inacceptable.

Dans notre système, comme dans celui de la copropriété mitigée, (qu'on nous passe cette expression), on arrive à quelque chose de plus satisfaisant. La femme ne peut pas soustraire les biens communs à l'action des créanciers communs ; elle ne peut pas prélever contre eux, mais elle peut concourir avec eux pour se faire payer de ses récompenses, (le concours s'établira seulement sur les meubles, la femme ayant une hypothèque légale sur les immeubles). Nous pouvons invoquer en ce sens l'autorité de l'ancien droit. Citons Bacquet, (ch. 21, n° 269), qui rapporte des arrêts des 23 décembre 1585, 20 avril 1561, 9 février 1593, 16 mars 1570. — Bourjon, (Comm., p. 4.). La femme n'a pas sur les meubles plus de droits que les autres créanciers, c'est-à-dire qu'elle vient comme eux à contribution ; ainsi, quant à ce, nul privilège). — Ferrières, sur l'art. 252 de la coutume de Paris, n°s 28 et 29, et Denizart, v° propres convent., disent également qu'en pays coutumier la femme n'a aucune préférence sur les autres créanciers pour la restitution de sa dot et autres reprises et conventions matrimoniales. Enfin Renusson, (des propres, ch. 4, sect. 5, n° 1), la Thaumassière, (sur les cout. de Berri, l. 2, ch. 40, p. 165), Papon, (arrêts notables, v° Hypoth., n° 11, p. 650). Leprestre, (centurie 3, ch. 76). Choppin, (sur la cout. d'Anjou), rapportent la même doctrine.

On a prétendu cependant que, même dans notre théorie, la femme pouvait invoquer un privilège en se fondant sur l'art. 1483. Voici comment on raisonne. La femme commune n'est tenue de sa moitié des dettes de communauté que jusqu'à concurrence de son émolument, si elle a fait inventaire ; or tout le monde convient que le remboursement de ses créances de reprises ne constitue pas pour elle un bénéfice de communauté, et par conséquent n'entre pas dans cet émolument. Si donc on fait venir la femme à contribution avec les autres créanciers en cas d'insuffisance, sur l'actif mobilier, si on la soumet pour les reprises au dividende proportionnel, on affecte les biens propres au paiement des dettes de la communauté, on diminue son avoir personnel, en un mot à cause de dettes communes, on fait contribuer la femme sur autre chose que son émolument. Un exemple rendra ceci sensible : la communauté se compose de 40,000 fr. la femme a des reprises pour 20,000 fr. Il y a un passif de 60,000. Si la femme vient à contribution avec les créanciers communs, elle ne retirera que 10.000 et cependant

elle aura versé 20.000 dans la caisse de la communauté ;
en d'autres termes, la différence entre ce qu'elle a versé
et ce qu'elle touche aura servi à désintéresser les créanciers communs, lesquels ont été payés avec le prix des
propres. Si l'on veut éviter cette violation des droits de
la femme, ce mépris du grand principe : *maritus non
potest onerare propria uxoris*, il faut admettre que la
femme sera préférée aux créanciers de la communauté.
On invoque enfin à l'appui de cette manière de voir l'autorité de Pothier (Comm. n° 747), et un arrêt du Parlement de Paris du 14 août 1567 rapporté par Coquille,
art. 7, ch. 28 de la cout. de Nivernais.

Rappelons ici la réfutation très nette et très claire qui
a té faite de cette théorie par Rouland, procureur général près la Cour de Paris en 1855. (D. 1855. 2. 273).
« Vous savez, Messieurs, que jadis on voulait doter la
femme, comme l'héritier du bénéfice d'inventaire. La
jurisprudence ne consentit pas à aller jusque-là et
maintint que les intérêts de la femme étaient suffisamment protégés par le principe *pro modo emolumenti*,
moyennant inventaire.

Eh bien, si la femme eût obtenu l'intégralité du privilège du bénéfice d'inventaire, que se serait-il passé ? Ce
qui se passe pour l'héritier bénéficiaire lui-même. Or
quand cet héritier est créancier de la succession, il peut,
sans la confondre, exercer complètement sa créance,
et, quant à lui, pour les dettes de la succession, il n'en
est pas tenu sur ses biens propres. Cependant si la succession est mauvaise, si elle ne suffit pas au paiement
intégral de toutes les dettes, est-ce que l'héritier bénéficiaire est dispensé, pour sa propre créance, de venir à
contribution ? Non assurément. Et lorsqu'il subit ainsi
les inconvénients de la succession mauvaise, peut-il
dire en réalité qu'on affecte ses biens personnels, (car
on diminue sa créance personnelle), au paiement des
dettes héréditaires ? Non encore. Pourquoi cela ? Parce
qu'il ne faut pas confondre le privilège de l'héritier
bénéficiaire débiteur, avec ses droits et actions de
créancier. C'est précisément cette confusion qu'on a

faite à l'égard de la femme commune, qui, en définitive, n'est pas plus protégée que l'héritier bénéficiaire. »

Quant au passage de Pothier qu'on a allégué, il ne vise pas cette situation, mais celle bien différente où c'est après avoir prélevé, que la femme est poursuivie par les créanciers communs. Nous avons vu ailleurs comment il fallait expliquer l'arrêt rapporté par Coquille.

Concluons donc que dans notre système, la femme, n'ayant aucun droit de préférence à l'encontre des créanciers communs, ne peut prélever, lorsqu'ils ont par une saisie sauvegardé leurs droits. (1)

La question en cas de rapport doit être tranchée par les mêmes principes, et nous qui admettons le prélèvement dans tous les cas où l'un des copartageants est créancier de la masse commune, nous n'avons aucune raison pour ne pas généraliser notre solution, car la situation respective du copartageant titulaire d'une récompense et des créanciers communs reste toujours la même. Seulement il faut bien remarquer que la question ne se pose que quand le copartageant n'est pas débiteur personnel des créanciers de la masse.

### § 4. — *Quelle est la capacité nécessaire pour prélever ?*

Dans le système de la propriété, il faut avoir la capacité d'exercer une action mobilière ou immobilière, suivant la nature de la chose qu'on prétend prélever, puisque ce mot devient alors synonyme de revendiquer.

Pour les partisans de la théorie de la copropriété, il est nécessaire d'avoir la capacité de procéder au partage soit des meubles, soit des immeubles, suivant la nature des biens qui feront l'objet du prélèvement.

---

(1) La Cour de Cassation, dans un arrêt du 24 janvier 1854, a refusé de faire application du système du droit de propriété en matière de faillite, en se fondant sur ce que le droit de la femme du failli est soumis à des conditions rigoureuses, qui ne sont point imposées aux femmes des individus non commerçants. — L'art. 560 du Code de Commerce, fournit en ce sens un argument irréfutable. (D. 1854, 1, 81).

Supposons, par exemple, qu'une veuve qui avait des reprises à exercer, se soit remariée sous le régime de la communauté légale. Suivant que le règlement de ces reprises s'opèrera naturellement par l'attribution de valeurs mobilières ou immobilières, le second mari seul ou les deux époux devront intervenir.

Faut-il dire maintenant dans notre opinion, qu'il suffira d'avoir la capacité de recevoir un paiement? Cela présenterait un intérêt pratique, pour le tuteur, par ex. Nous ne pensons pas qu'il faille admettre cette solution. Le prélèvement est une opération qui ne se conçoit pas comme ayant un caractère propre et indépendant; elle se rattache de trop près au partage qu'elle prépare, pour qu'on puisse distinguer au point de vue des règles de capacité.

§ 5. — *Des fins de non-recevoir qu'on peut opposer à la demande de prélèvement.*

Il est évident que le droit de prélever ne prend naissance que quand le droit au partage existe. (Ainsi, dans une société en commandite, le commanditaire ne peut demander à prélever pour les créances existant à son profit qu'après la dissolution.) Mais ce droit sera-t-il suspendu par une convention intervenue entre les ayant-droit, convention ayant pour objet de retarder le partage dans les conditions de l'art. 815? Dans le système de la copropriété, cela semble ne pas devoir faire difficulté. Dans notre théorie, on pourrait dire que le réglement des reprises et le partage proprement dit sont deux opérations distinctes en droit comme en fait, et que la convention ne s'applique expressément qu'au partage. Nous ne croyons pas cependant devoir accepter cette proposition, toujours pour la raison que nous avons déjà donnée plus haut. Le prélèvement est lié au partage; c'est une opération qui le commence, et par conséquent l'un ne va pas sans l'autre. Il faut remarquer d'ailleurs que lorsque les copartageants recourent entre eux à la convention per

mise par l'art. 815, ils ne le font évidemment que parce
qu'ils y trouvent des avantages, pour éviter des frais et
des formalités. Si on laissait à ceux d'entre eux qui ont
des reprises le droit de prélever, ce but ne serait pas
atteint. Ne faudrait-il pas, en effet, procéder à un inventaire, aux comptes, à des estimations ? Le plus sage
dès lors est de donner à la convention une portée large.

Ce serait, suivant nous, une question toute différente
de demander si le copartageant titulaire d'une récompense pourrait exiger la vente de certains biens pour
être payé sur le prix. (Nous admettons, en effet, qu'il a
le droit d'opter pour le réglement de ses récompenses
entre le paiement en deniers et le prélèvement.) Il nous
semble qu'on peut décider que dans ce cas le copartageant pourra agir comme tout créancier et faire vendre
des biens jusqu'à due concurrence. Il ne faudrait pas,
en effet, qu'il fût exposé forcément à un préjudice, préjudice qui se produirait au cas où les créanciers communs le devanceraient.

Si l'on pense, comme nous, qu'un testateur peut valablement imposer aux légataires qu'il institue la condition
de demeurer pendant cinq ans dans l'indivision, il faudra
accepter la même solution.

Les parties peuvent-elles valablement renoncer au
droit de prélever qui est ouvert en leur faveur ? Dans le
système de la propriété, comme dans celui de la copropriété, il va de soi qu'on doit répondre négativement,
le prélèvement n'étant que l'exercice d'un droit de propriété ou de copropriété, on ne peut y renoncer qu'en
renonçant au droit lui-même. Mais que décider dans
notre système ? Il semble bien que le prélèvement constitue un avantage au profit de celui qui peut en béné-
cier; c'est une faveur légale accordée dans des cas particuliers, ce n'est pas une obligation. Il ne faut pas que
ce bénéfice puisse se retourner contre celui qui en est
l'objet, et lui devenir préjudiciable en le forçant à prendre
des effets inutiles ou sans valeur pour lui et qu'il lui
faudrait vendre immédiatement. C'est d'ailleurs ce que
pensaient nos anciens auteurs (v. Pothier, n° 700, Comm

et Guy-Coquille, sur la cout. de Nivernais, ch. 23, art. 18). Cependant la Cour de Paris a fait des objections pour le cas où il s'agit de la femme commune. L'art. 1471, dit-elle, fait partie d'un ensemble de dispositions qui ont pour objet le règlement des indemnités auxquelles les époux ont droit; ce sont des créances, il est vrai, mais elles sont d'une nature particulière et le recouvrement s'en fait aussi d'après des règles spéciales. La femme ne peut pas scinder ces règles, en prendre ce qui lui convient et rejeter ce qui ne lui convient pas. L'art. 1471 commence par une disposition impérative : Les prélèvements de la femme s'exercent avant ceux du mari. La seconde disposition relative à l'attribution en nature doit donc avoir le même caractère et obliger la femme de la même manière.

Voici comment M. Laurent (Comm. n° 511) répond, avec beaucoup de raison, selon nous, à ces objections : « Il nous semble que la question est mal posée. Sans doute les récompences sont des créances d'une nature particulière, mais en quel sens et avec quel effet? Elles sont plus favorables que les créances ordinaires, not. les reprises de la femme; c'est là la raison des articles 1470-71. Les règles spéciales que la loi établit pour le paiement des récompenses, sont-elles d'ordre public? Non, elles ont uniquement pour objet de garantir des intérêts pécuniaires. Dès lors peu importe que les articles soient rédigés dans une forme impérative; ce ne sont pas moins des dispositions d'intérêt privé : de là suit que la loi doit permettre à l'époux d'en user selon son intérêt. » (v. sur ces points Metz, 10 avril 1862. D. 62, 2, 141 et Paris, 24 juill. 1869. D. 70, 2, 25).

Pourrait-on valablement renoncer par avance au prélèvement, par exemple, pourrait-on dans un contrat de société stipuler qu'à la dissolution le droit de prélever n'existerait pas? Sans doute, puisqu'il n'y a ici qu'une disposition d'intérêt privé; il faut cependant admettre une réserve. Une pareille clause ne pourrait pas être insérée dans un contrat de mariage, en tant qu'elle aurait pour objet d'abdiquer un avantage que la loi accorde

à la femme en sa qualité de femme commune; ces avan
tages sont de l'essence de la communauté, puisqu'ils
sont la compensation des pouvoirs que la loi accorde
au mari sous ce régime (arg. art. 1453).

Pour terminer, nous n'avons qu'à dire que la faculté
de prélever cesse quand le partage est opéré. Il y a alors
bien évidemment renonciation au *jus retentionis* et la
demande de prélèvement ne se comprendrait plus.

## CHAPITRE III

### Comment s'exercent les prélèvements.

Aux termes de l'art. 1471, les prélèvements s'exercent
d'abord sur l'argent comptant, puis sur le mobilier,
enfin sur les immeubles.

Quelle est la raison de l'ordre successif établi par la
loi? Cela s'explique difficilement dans les théories de la
propriété et de la copropriété : dans le premier système,
la logique eût conduit à faire porter la subrogation sur
des biens de même nature que ceux dont l'aliénation
avait causé la récompense, et, pour le second, il n'y avait
pas de règles spéciales à poser : il eût été plus simple
de procéder comme quand les copartageants ont des
droits inégaux dans la masse.

Dans notre manière de voir, on comprend au contraire parfaitement que le législateur ait suivi cet ordre :
l'époux est créancier, il a droit à une somme d'argent,
il est donc tout naturel qu'il commence par prélever
l'argent comptant pour se couvrir. S'il n'y a pas de numéraire ou s'il est insuffisant, les meubles sont affectés
d'abord à ses prélèvements, parce qu'ils sont considérés
comme des biens moins précieux que les immeubles, et
qu'il ne faut pas, tout en avantageant le créancier, se
montrer trop rigoureux au regard du ou des débiteurs.

L'ordre établi par l'art. 1471 pour l'exercice des prélèvements reçoit-il des exceptions? Les parties peuvent
y déroger par un commun accord — ensuite il est de

doctrine et de jurisprudence qu'il n'y a pas lieu au prélèvement en nature des immeubles, quand ils sont impartageables. On ne peut en effet attribuer dans ce cas au copartageant demandeur une portion indivise de l'immeuble, puisque la licitation est nécessaire (article 1686), (V. Rejet, 7 mai 1855, D. 55, 1. 410).

La Cour de cassation semble encore admettre une autre exception, lorsque le prix de l'immeuble, sur lequel on voudrait faire porter le prélèvement, n'a pas été payé. Dans ce cas en effet le vendeur pourrait faire saisir l'immeuble et forcer l'époux à se contenter d'une part dans le prix : autant vaudrait alors n'avoir pas procédé au prélèvement. Mais, comme le fait observer très judicieusement M. Laurent, c'est moins une question de droit qu'un règlement d'intérêts ; s'il convient à l'époux de prendre l'immeuble en question et de s'exposer aux inconvénients précités, aucun principe ne s'y oppose (V. même arrêt).

En matière de succession *ab intestat*, les art. 830 et 869 règlent également le mode d'opérer les prélèvements. L'art. 830 pose le principe : le prélèvement doit être fait en objets de même qualité, nature et bonté ; l'art. 869 vise spécialement le cas où l'objet de la donation est une somme d'argent et il décide que dans cette hypothèse le rapport se fera en moins prenant dans le numéraire, à défaut, en moins prenant dans le mobilier et dans les immeubles de la succession.

Le législateur s'est certainement préoccupé de maintenir, avec le plus grand soin, l'égalité entre les cohéritiers, et, pour arriver à ce résultat il dispose que les prélèvements se feront si, possible, en objets de même nature que ceux donnés en avancement d'hoirie. C'est seulement lorsqu'il y a impossibilité d'exécuter cette prescription qu'on revient à l'ordre de l'art. 1471, et qu'on fait porter le prélèvement successivement sur l'argent comptant, le mobilier et les immeubles.

Comme dans l'art. 830, le législateur obéit à une préoccupation spéciale, nous n'hésiterons pas à restreindre, au cas prévu sa disposition, et c'est dans l'art. 1471 que nous trouverons la règle qu'il convient de généraliser.

Tout le monde admet que, dans tous les cas, l'estimation des objets pris en paiement doit être faite par une expertise contradictoire, s'il n'y a pas accord entre les parties, et celles-ci pourront même, s'il y a lieu, porter la question devant le tribunal. En d'autres termes, on procédera pour le prélèvement, opération préliminaire et préparatoire, comme pour le partage lui-même.

On s'est demandé si, sous le régime de la communauté, l'époux titulaire d'une reprise qui voudrait la faire porter sur un immeuble, ne devrait pas préalablement établir, par un inventaire, la preuve de l'insuffisance du numéraire et du mobilier. Pour répondre, il faut distinguer suivant que l'époux créancier est ou non chargé de faire confectionner un inventaire.

Supposons, par exemple, que la communauté s'est dissoute par le prédécès de la femme. Dans ce cas, le mari est tenu de faire inventaire (art. 1442.) Si ce sont les héritiers de la femme qui veulent exercer un prélèvement sur les immeubles de la communauté, il paraît évident qu'on ne peut leur faire supporter les conséquences de la négligence du mari, si ce dernier n'a pas fait inventaire. La question s'est présentée en jurisprudence dans les conditions suivantes : les héritiers de la femme prétendaient prélever, pour se couvrir de leurs reprises, un immeuble de la communauté ; le mari objectait qu'ils devaient préalablement se payer sur le mobilier ; les héritiers répondaient qu'il y avait vingt-deux ans que la communauté était dissoute ; qu'aucun inventaire n'avait été dressé, et que, par conséquent, ils ne pouvaient pas savoir s'il existait du mobilier ou non lors de la dissolution de la communauté. Le mari demanda, dans cette situation, à faire preuve par témoins de l'existence du mobilier et de cette consistance. Mais la Cour rejeta cette prétention, en faisant observer que le mari avait eu tort de ne pas se procurer une preuve authentique de la consistance du mobilier ; que cette négligence autorisait bien les héritiers de la femme à faire preuve contre lui par tous moyens, même par commune renommée, mais que c'était là un avantage que la loi leur accordait et qui ne devait pas se retourner contre eux. (Rejet, 1er décembre 1852. D. 52, 1, 122.)

Supposons maintenant que c'est l'époux, chargé de faire dresser un inventaire, qui veut prélever un immeuble sans apporter, par acte authentique, la preuve de l'insuffisance du mobilier. On peut incontestablement lui dénier ce droit, en établissant par tous moyens, même par commune renommée, qu'il existait du mobilier. (Art. 1442.)

Mais la Cour de Caen est allée plus loin, elle a pensé que dans ce cas, il y avait présomption légale que l'époux avait trouvé dans la masse commune des meubles suffisants pour se couvrir de ses reprises — (v. Caen, 17 juillet 1857. D. 1859, 1,491.) — C'était certainement violer l'art. 1350 et ajouter à la loi, en établissant une déchéance que les textes ne prononcent pas. Tout ce qui résultera du défaut d'inventaire pour l'époux négligent, c'est une grande difficulté pour établir l'insuffisance du mobilier, puisque, comme nous l'avons vu plus haut, il ne pourra recourir à la preuve par témoins.

Il peut arriver qu'un des copartageants soit chargé de faire dresser un inventaire; par exemple, dans une société on a prévu le cas de la dissolution, et on a désigné un des associés pour présider à la liquidation. Dans ce cas, il faudra appliquer les mêmes principes que dans l'hypothèse que nous venons d'examiner.

En matière de communauté, le législateur accorde un avantage à la femme et peut être deux ; en premier lieu, elle passe pour ses prélèvements avant le mari. Cette faveur se justifie d'après Duveyrier, par la privation absolue de pouvoir et d'influence qui a constamment éloigné la femme de tout acte d'administration — c'est une sorte de compensation.

En second lieu, elle a le choix des immeubles, et a fortiori, selon nous, celui des meubles. L'ancien droit s'était d'ailleurs prononcé en ce sens: pour ne citer que Bourjon, il dit expressément que la femme et ses héri-

tiers ont le choix sur tous les effets de la communauté
( Com. 6ᵉ partie, ch. 2. sect. 1. par. 6.).

Doit-on reconnaitre le même droit au mari? Pour la
négative on dit que le droit de choisir est un droit exceptionnel et que pour l'accorder au mari il faudrait un
texte — on ajoute que Duveyrier dans son rapport au
Tribunat a présenté ce droit comme un privilège de la
femme. Nous ne pensons pas qu'il faille adopter cette
solution — Bourjon (l. cit.) et Pothier (Comm. nº 702)
sont formels pour déférer le choix au mari comme à la
femme; il est donc très-probable que le Code civil n'a pas
voulu déroger à une règle aussi bien établie. D'ailleurs,
si l'on n'admettait pas cette manière de voir, comment
faudrait-il procéder?

On peut aller même plus loin et soutenir que dans
tous les cas, celui qui exercera une reprise pourra choisir soit dans le mobilier soit même subsidiairement
dans les immeubles, le bien qu'il voudra affecter à son
prélèvement. La seule réserve qu'il faudra faire est
celle-ci: le titulaire de la récompense ne pourrait prélever les biens dont la valeur serait en trop grande
disproportion avec le montant de sa créance.

Mais c'est une question de savoir si d'autres que la
femme ont des prélèvements privilégiés, par exemple,
un commanditaire, auquel par l'acte même de société,
il est défendu de gérer, ne passera-t-il pas avant l'associé en nom gérant pour l'exercice de ses prélèvements?
Il y aurait assurément mêmes raisons de décider — mais
nous hésitons à accepter cette solution — L'autorité de
l'ancien droit nous fait défaut. Le législateur a pensé
que pour consacrer ce droit en faveur de la femme, il
fallait une disposition formelle, il aurait dû procéder de
même à l'égard du comanditaire et il ne l'a pas fait.

## CHAPITRE IV

### Des Effets du Prélèvement.

#### SECTION Iʳᵉ

Le prélèvement, avons-nous dit, est un mode particulier de régler les droits de créance qu'un copartageant peut faire valoir contre une masse indivise. Nous supposons ce réglement opéré; pour en déterminer les effets, il faut nous demander si cette manière de procéder ne va pas modifier les rapports des ayant-cause à titre universel du copartageant débiteur et les droits des créanciers de la masse.

1° Nous supposons qu'une communauté s'est dissoute par le prédécès du mari; celui-ci laisse un légataire des meubles et un légataire des immeubles. La femme se couvre de ses reprises contre la communauté en prélevant des meubles; le légataire des meubles du mari pourra-t-il demander au légataire des immeubles de contribuer avec lui au paiement de ces reprises, ou devra-t-il en supporter seul tout le fardeau? Cette question n'en est pas une pour le système de la propriété ou de la copropriété, puisque, dans l'un comme dans l'autre, l'exercice des reprises n'a fait que déterminer la part revenant au *de cujus* dans la masse. Mais elle peut faire difficulté dans notre théorie, puisqu'elle était déjà discutée dans l'ancien droit, même par les partisans de la thèse du droit de créance (v. Brodeau sur Louët, Denizart et Ferrières, loc. cit.), dans une hypothèse analogue à la nôtre; il s'agissait de savoir si l'héritier des propres du mari devait contribuer au paiement des reprises de la femme avec l'héritier des meubles et acquêts.

M. Labbé pense, à cet égard, que le passif à distribuer entre le légataire des meubles et le légataire des immeubles se trouve diminué des dettes qui ont pris fin dans les opérations préliminaires du partage.

Il n'est pas à croire que le testateur ait voulu réagir contre ce résultat. Dès lors toutes les dettes n'ont pas le même sort ; il y en a qui, n'ayant aucun rapport avec toute espèce de biens, pèsent sur le patrimoine entier et sont supportées par tous les ayant-droit au patrimoine. Il y en a d'autres qui sont unies à une certaine catégorie de biens et sont destinées à être éteintes avec ces mêmes biens à cause d'une origine commune et d'une connexité naturelle ; les ayant-cause du débiteur doivent subir cette affectation spéciale, cet assignat *sui generis* (v. note sur Cass. 15 mai 1872. Sirey. 72 1. 313).

Il nous semble facile de répondre que ce n'est pas seulement une volonté probable, mais une volonté expresse qu'il faudrait exiger de la part du testateur pour déroger aux principes sur la contribution des dettes. On ne résout pas davantage la question en disant, comme autrefois dans l'ancien droit, que les prélèvements sont une charge des biens sur lesquels on les fait porter. Il n'y a pas, en effet, affectation nécessaire de certains biens à l'acquittement des reprises, puisque, comme nous l'avons démontré, le titulaire de ces reprises est libre d'en exiger le paiement en argent.

2° Nous supposons le prélèvement exercé avant toute saisie des créanciers communs et sans fraude. Leur sera-t-il opposable ? Non, évidemment, dans la théorie de la copropriété absolue, puisque le prélèvement ne change pas le titre du copartageant qui l'exerce.

Mais dans notre système, où le copartageant est créancier de ses reprises, distinguons plusieurs hypothèses.

Supposons d'abord qu'il s'agit d'une femme commune en biens qui a fait inventaire. Elle a prélevé des biens en nature ; en doit-elle tenir compte aux créanciers de la masse ? Non, pouvons-nous répondre avec assurance : les biens prélevés ne comptent pas dans l'émolument.

La femme a touché sa créance : *Suum recepit* ; elle

n'a pas retiré un profit de la communauté. C'est ce que décidait l'ancien droit, (v. princip. Pothier, Comm., n° 747).

Supposons maintenant deux héritiers appelés à une succession dans laquelle il y a 100,000 francs de biens en nature et 100,000 francs de dettes ; l'un des héritiers a reçu un avancement d'hoirie de 100,000 francs, tous deux acceptent, et celui qui n'a rien reçu entre vifs prend la totalité des biens existant dans la succession, parce que le rapport se fait dans ce cas en moins prenant. Il s'agit de savoir si les créanciers du défunt ne pourront néanmoins poursuivre chacun des héritiers que pour sa part contributoire, ou au contraire, s'ils n'ont pas dans ce cas, malgré le principe de la division des dettes, le moyen d'obtenir leur paiement sur tous les biens trouvés en nature dans la succession.

Pour soutenir cette dernière solution, on a dit d'abord que le rapport ne pouvant pas profiter aux créanciers de la succession, (art. 857), ne devait pas leur nuire ; que la séparation des patrimoines pouvait être demandée soit avant, soit après le partage, et que, par conséquent, tant qu'ils pouvaient user de ce moyen, les créanciers de la succession avaient droit de se faire payer intégralement sur tous les biens héréditaires ; enfin que telle était l'opinion de Pothier, d'après Dumoulin, (Oblig., n°s 310-311).

Nous répondrons que l'héritier a été payé de ce qui lui était dû par les prélèvements, et que la séparation des patrimoines n'autorise pas à répéter le paiement ainsi opéré ; — que ce qui est préjudiciable aux créanciers héréditaires, c'est moins dans l'espèce le rapport en moins prenant, que la négligence qu'ils ont apportée dans l'exercice de leurs droits ; qu'enfin Pothier, pour enseigner la doctrine rapportée plus haut, se fondait sur une présomption de collusion frauduleuse entre les héritiers, — ce qui peut parfaitement ne pas exister, par exemple, dans le cas où les dettes n'ont été découvertes que postérieurement à l'acceptation.

## SECTION II

Le prélèvement ne doit pas être envisagé isolément; c'est une opération préliminaire du partage qui s'y rattache d'une manière très intime. Il nous faut donc rechercher si cette circonstance ne va pas influer sur ses effets.

Et d'abord le prélèvement est-il déclaratif de propriété? Cela est évident dans le système de la copropriété. — Dans notre opinion cette question n'est pas sans difficulté. L'effet déclaratif, dit-on, ne s'applique, aux termes de l'art. 883, qu'aux choses qui ont été placées dans les lots; or l'art. 831 décide que les prélèvements se prennent avant la formation des lots — donc l'effet déclaratif ne peut pas y être attaché, car en matière de fiction légale c'est la stricte interprétation qui prévaut.

Nous croyons que c'est se placer sur un mauvais terrain — d'abord la tradition qui a créé la règle de l'effet déclaratif du partage, doit nous servir à en déterminer la portée; or il est de principe que tout acte qui a pour effet de faire cesser l'indivision, quelque caractère qu'aient voulu lui imprimer les parties, est déclaratif de propriété — par conséquent, comme les prélèvements font cesser l'indivision quant aux choses prélevées, on doit leur appliquer la rétroactivité édictée par l'art. 883. C'est en ce sens que s'est fixée d'ailleurs la doctrine de l'ancien droit (nous n'avons qu'à renvoyer sur ce point aux nombreuses autorités que nous avons précédemment citées).

Il suit de là que si le prélèvement s'exerce sur des immeubles, l'acte qui le constate n'a pas besoin d'être transcrit. Mais aussi les immeubles prélevés par la femme ou ses héritiers restent-ils soumis entre leurs mains aux droits que durant la communauté des tiers ont acquis du chef du mari, bien que ces derniers n'aient pas publié leurs droits avant l'opération du prélèvement.

La rétroactivité fait remonter les droits du copartageant qui a prélevé jusqu'au jour où est née pour lui la faculté de demander le partage ; — il peut donc faire tomber tous les droits réels qui auraient pris naissance sur les biens prélevés à partir de cette date du chef des autres copartageants. Le système de la copropriété accepte ces solutions. Mais en ce qui concerne la femme commune en biens, certains auteurs, partisans du système de la propriété, étaient allés jusqu'à décider qu'elle reprendrait les biens prélevés comme si elle en avait toujours été propriétaire, c'est-à-dire en ne tenant pas compte des droits réels que le mari avait concédés sur ces biens pendant l'existence de la communauté. On n'a pas tardé à abandonner cette doctrine absolument contraire à l'ancien droit et qui consacrerait une iniquité révoltante au mépris de l'intérêt des tiers et des règles précisant les pouvoirs du mari sur les biens communs.

Une autre question intéressante s'est présentée récemment en jurisppudence. Faut-il calculer la lésion de plus du quart qui sert de base à l'action en rescision de l'art. 887-2°, seulement sur la somme dont le copartageant lésé a été alloti pour sa part dans l'actif net, ou bien sur la totalité des valeurs qui lui ont été attribuées dans la masse active, tant pour les prélèvements que pour sa part dans l'actif net ? Ici encore la dernière solution triomphera certainement dans le système de la copropriété — l'époux n'obtenant qu'une part plus forte par le prélèvement, c'est évidemment sur la totalité de ce qu'il a reçu pour cette part que la lésion doit être calculée. Dans notre système, d'après lequel l'époux titulaire de la récompense est créancier au regard de son conjoint ou de ses héritiers, il y a controverse. La Cour de cassation, dans un arrêt du 13 août 1883 (Sirey, 84, 1. 290) a posé en principe que le prélèvement tendait au même but que le partage, qu'il s'enchaînait à lui par un lien étroit, qu'il était pour ainsi englobé par lui et qu'on devait dès lors conclure que l'action en rescision ne pouvait procéder qu'autant que la lésion dépassait le quart de tout ce qui devait advenir à l'époux par le partage, à quelque titre d'ailleurs que ce fût.

Voyons les arguments qu'on a proposés en sens contraire et qui ont été très nettement développés par la Cour d'Orléans, dont l'arrêt a été cassé par le précédent.

L'art. 887, 2° admet la rescision, disait-on, pour une lésion éprouvée dans le partage : or prélever n'est pas partager, c'est simplement préparer le partage, déterminer exactement ce qui constitue l'indivision et ce qui doit être partagé : pour se convaincre que telle est bien la manière dont le législateur envisage les choses, il suffit de lire l'art. 1474 : « Après les prélèvements opérés le surplus des biens se partage ». D'ailleurs si l'on donnait une autre solution, on arriverait à ce résultat singulier, contraire certainement à l'équité, c'est que plus un époux aurait contribué à enrichir la communauté en lui apportant des valeurs donnant lieu à des reprises importantes, plus ses droits de copartageant pourraient être impunément violés, plus il serait exposé à subir une lésion dans le partage des bénéfices de communauté.

Ces raisons n'étaient pas décisives; il ne s'agit pas en effet de savoir ce qu'est en soi le prélèvement, mais ce que le législateur entend par ces termes : une lésion subie dans le partage. La Cour de Cassation d'accord avec nous entend le mot dans un sens large : partager, c'est procéder par une série d'opérations qui sont les rapports, les prélèvements, l'allotissement proprement dit. L'action en partage comprend tout cela, et la preuve c'est d'une part qu'il est traité de toutes ces opérations dans la matière de la communauté sous la rubrique générale du partage — c'est d'autre part que la rescision du partage prononcée, tout le monde reconnaît que les prélèvements tombent également.

Reste donc l'objection tirée de l'équité. La réponse nous paraît facile, l'époux a un moyen bien simple d'éviter le danger signalé ; c'est de procéder comme un créancier ordinaire et de se faire payer en argent de ses récompenses.

## APPENDICE I<sup>er</sup>

**Comparaison du prélèvement en matière de communauté légale, et du prélévement en cas de préciput.**

Nous avons vu, sous le régime de la communauté légale, le prélèvement se présenter comme un moyen de règler les créances, nées du fonctionnement de ce régime, au profit d'un des époux contre la masse commune.

En matière de communauté conventionnelle, nous trouvons également le prélèvement autorisé en cas de clause de préciput.

Disons d'abord ce qu'est cette clause. Elle se présente sous deux formes : la clause de préciput normal, la clause de préciput anormal.

Le préciput normal permet au survivant des époux, ou à l'un d'eux en cas de survie de prélever sur la masse avant tout partage, une certaine somme, une certaine quantité d'objets mobiliers ou immobiliers, ou des meubles ou immeubles spécialement désignés.

Le préciput anormal permet à la femme survivante de réclamer cette somme ou la valeur de ces objets au cas même de renonciation.

Le prélèvement n'existe donc, comme conséquence du préciput, qu'au cas où il y a lieu à partage, et spécialement en ce qui concerne la femme qu'au cas d'acceptation.

Plaçons-nous d'abord dans l'hypothèse où le prélèvement a son fondement dans une stipulation de préciput normal.

Dans ce cas, à la différence de ce que nous avons dit

pour le prélèvement en matière de communauté légale, le prélèvement n'est plus un mode de règlement d'une créance, mais l'exercice d'un droit de copropriété, la manière de faire valoir un droit plus fort dans la masse et d'obtenir une part plus avantageuse.

De là résultent les conséquences suivantes qui nous permettent de distinguer nettement les deux hypothèses :

1° Le préciput confère un droit mobilier ou immobilier suivant la nature des biens spécifiés au contrat; la reprise, avons-nous dit, est toujours mobilière, bien qu'elle se règle par un prélèvement, et quelle que soit la nature des effets prélevés.

2° Le préciput est limité aux objets indiqués par le contrat et ne peut être exercé que s'ils existent dans la masse, lors même que ce droit est stipulé au profit de la femme. Nous savons au contraire que la femme peut poursuivre ses reprises sur les biens personnels du mari lorsque la communauté est insuffisante.

3° Le préciput est obligatoire, en ce sens que le titulaire ne peut exiger autre chose que le prélèvement des objets prévus dans la clause du contrat. Le prélèvement pour récompenses est facultatif, l'époux peut exiger le paiement en deniers de sa créance.

4° Le préciput ne donne pas à la femme le droit de concourir sur le prix de la vente des biens avec les créanciers communs ; lors même que le prélèvement a eu lieu avant leurs poursuites et qu'un inventaire a été dressé, la femme doit porter en recette dans son compte la valeur des biens qu'elle a prélevés pour son préciput. Nous savons qu'il en est autrement, lorsque le prélèvement a pour cause des reprises.

5° Supp. que le contrat autorise la femme survivante à prélever certains meubles. Le mari prédécède, laissant un légataire des meubles et un légataire des immeubles. Le légataire des meubles n'a rien à réclamer au légataire des immeubles du chef du prélèvement opéré. Nous avons admis la contribution lorsque le prélèvement est exercé pour le règlement d'une récompense.

6° La lésion, pour l'exercice de l'action en rescision du partage, doit certainement être calculée sur ce qui a été attribué à l'époux pour son préciput et pour sa part proprement dite dans la masse commune. La question est très discutable quand le prélèvement a son fondement dans une reprise

Dans le cas de préciput anormal, le prélèvement doit être considéré, au contraire, comme le mode de réglement d'une créance; il ressemble donc beaucoup au prélèvement, tel que nous l'avons vu fonctionner sous le régime de la communauté. Cependant il existe encore des différences caractéristiques :

1° Le prélèvement, en cas de préciput, a son origine dans une clause du contrat de mariage, dans une manifestation de volonté expresse. Il suit de là que c'est cette volonté qui règle exclusivement le mode d'exercice du droit conféré. Au contraire, sous la communauté légale, le prélèvement a son origine dans la loi; c'est un avantage que celle-ci accorde au copartageant devenu créancier, par l'application des principes généraux; aussi le législateur fait-il porter les prélèvements sur tous les biens de la masse, mais dans un ordre déterminé;

2° Le prélèvement pour reprises ne peut être considéré comme constituant une libéralité pour l'époux qui en profite. La question est délicate pour le prélèvement, en cas de préciput, puisque l'art. 1516 dit seulement que ce n'est pas un avantage soumis aux *formalités* des donations;

3° Le droit qui naît du préciput est ordinairement soumis à la condition de survie. Il en résulte qu'au cas où la communauté se dissout par la séparation de biens principale ou accessoire, il n'y a pas lieu à l'exercice des prélèvements. Le partage se fait entre les époux comme à l'ordinaire en y comprenant les objets faisant partie du préciput, si la femme accepte; ce n'est qu'après la mort de l'autre époux que le préciputaire pourra faire valoir intégralement ses droits. Au contraire, lorsqu'un époux est titulaire d'une récompenso, il peut toujours la faire régler à la dissolution de la communauté par un prélèvement lorsqu'il y a lieu à partage, quelle que soit d'ailleurs la cause de cette dissolution ;

4° Qu'il y ait clause de préciput normal ou anormal, le titulaire perd ses droits si l'on prononce contre lui, à ses torts, le divorce ou la séparation de corps ; dans la même hypothèse, l'époux conserverait, au contraire, son droit à prélever pour ses reprises, s'il y avait lieu à partage.

Cette différence se rattache au même ordre d'idées que la précédente. Voici comment on peut expliquer, en effet, la décision de l'art. 1518. Le préciput est stipulé ordinairement pour le cas de survie, c'est-à-dire pour le cas où le fait qu'amènera la dissolution de la communauté sera le prédécès de l'autre époux. Régulièrement donc lorsque cette dissolution est produite par la séparation de corps ou de biens, l'interprétation stricte de de la clause conduirait à décider qu'il n'y a pas lieu au préciput. Mais le législateur remarque que l'un des éqoux a, par son fait, empêché la condition de se réaliser, en faisant dissoudre prématurément la communauté, et il décide que l'autre époux n'en souffrira pas, tandis que le coupable en supportera rigoureusement les conséquences ;

5° Lorsque le préciput porte sur des objets déterminés, le droit qui en résulte est mobilier ou immobilier, suivant la nature des biens prélevés. Au contraire, la reprise est toujours mobilière, parce qu'elle est en soi une créance de somme d'argent ; peu importe qu'elle soit réglée ou non par des prélèvements sur meubles ou tmmeubles ;

6° Le préciput anormal lorsqu'il porte sur une certaine catégorie de biens, peut être réduit *arbitrio judicis*, d'après Pothier, lorsque la quantité ou la valeur de ces objets se trouve être excessive, eu égard à l'intention probable des parties appréciée, d'après leur condition et leur fortune.

## APPENDICE II*

### Des prélèvements au point de vue fiscal

Pour traiter cette question, nous devons nous placer successivement au point de vue de chacun des droits dont l'administration peut réclamer l'application à propos de l'exercice du prélèvement.

1° Droit de mutation. — Ce droit n'est dû dans aucun système: alors même qu'on verrait dans le prélèvement une dation en paiement, on devrait écarter la perception du droit de mutation, parce que cette dation en paiement se rattache à un partage et a pour effet de faire cesser l'indivision.

Dans notre opinion, comme dans la théorie de la copropriété il n'est dû que le même droit gradué qui frappe le partage (v. en ce sens sept arrêts de la Cour de Cassation des 3 et 21 août 1858 (Sirey. 58. 1.711.719).

Au contraire, lorsque la femme a renoncé à la communauté légale, si elle reçoit des immeubles en paiement, le droit de mutation est dû. — En conséquence, quand la liquidation se fait avant que la femme ait pris parti, on perçoit le droit en rapport avec la présomption d'acceptation ou de renonciation par laquelle le législateur détermine la situation temporaire de celle-ci, sauf à rectifier ensuite.

Il résulte encore des principes que nous avons posés, qu'au cas où les copartageants, au lieu de prélever, se font payer en argent, on ne peut percevoir de droit proportionnel, puisqu'ils n'ont fait l'abandon d'aucun droit de propriété, (v. Cass. 13 déc. 1864, Sirey. 65.1. 189).

Terminons en faisant remarquer que l'administration réclame le droit de soulte lorsque les reprises ne lui paraissent pas suffisamment justifiées.

2° Droit de transcription. — Nous avons décidé que le prélèvement n'avait pas besoin d'être transcrit, — cependant si on remettait, pour le transcrire, l'acte qui le constate au conservateur des hypothèques, celui-ci qui n'est pas juge de l'utilité de la transcription, serait fondé à réclamer le droit proportionnel de 1 1/2 pour cent. (Cass., 24 mars 1868, Sirey, 68, 1, 311).

3° Droit de mutation par décès. — L'administration de l'enregistrement décide que, pour la déclaration de succession, il faut au préalable déduire de l'actif de la communauté le montant des reprises, pour les faire figurer ensuite à l'avoir de l'époux qui devait les exercer. — (Solution du 20 septembre 1830 et du 9 septembre 1868). Ceci est logique dans la théorie de la copropriété, mais contraire à nos principes; — pour nous les reprises sont des dettes, et on ne doit pas les déduire de la masse commune. Lorsque les droits de mutation par décès n'étaient pas les mêmes pour l'actif mobilier que pour l'actif immobilier, on devait également, pour rester en harmonie avec notre doctrine, faire toujours figurer le montant des reprises dans l'actif mobilier, quelle que fut la nature des biens de communauté.

4° Droit de cession. — Lorsqu'un copartageant cède à un tiers ses reprises avant partage, il n'est dû pour nous qu'un droit de cession, et non, au cas où la masse commune ne contiendrait que des immeubles, un droit de mutation, ce à quoi conduirait le système de la copropriété, (ou de la propriété en matière de communauté).

5° Droit de quittance. — Lorsque des copartageants se font raison en deniers de leurs reprises, il est dû un droit proportionnel de quittance, (0 fr. 50 0/0). (V. Cass., 4 août 1841, Sirey, 41, 646).

# POSITIONS

## DROIT ROMAIN

I. — Les provinces ne conservent l'usage de leurs *leges moresque* que si cette jouissance leur est confirmée soit par la *lex provinciæ*, soit par l'édit du gouverneur.

II. — Le *jus gentium* existait déjà à l'époque de la loi des Douze-Tables, il n'a pas été introduit dans la législation romaine exclusivement en vue des pérégrins et pour eux.

III. — L'*in bonis* est une propriété du *jus civile*.

IV. — Le *pérégrin* ne peut pas succéder *ab intestat* à un Romain.

V. — Il n'a jamais été admis à intenter une *legis actio*.

VI. — Dans la *causa liberalis, sententia non facit jus*.

VII. — L'exception du sénatusconsulte Macédonien n'est pas donnée au fils de famille contre le créancier délégataire.

VIII. — L'*usucapion* n'a pas d'effet rétroactif.

IX. — La *restitutio in integrum* est subsidiaire à l'action *de dolo* comme à l'action *quod metûs causâ*.

## ANCIEN DROIT

Nos anciens auteurs ont généralement considéré le prélèvement comme un mode de règlement *sui generis* d'un droit de créance.

# TABLE DES MATIÈRES

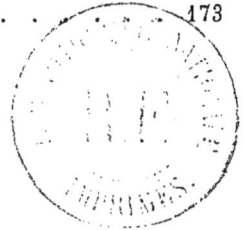

Dijon — Mersch et Cⁱᵉ, r. S.-Philibert, 4●

www.ingramcontent.com/pod-product-compliance
Lightning Source LLC
Chambersburg PA
CBHW072047080426
42733CB00010B/2025